C. W. Leadbeater: Das Leben in der Geistigen Welt

Charles W. Leadbeater

Das Leben in der Geistigen Welt

Aquamarin Verlag

Titel der Originalausgabe
„Life after Death“

© The Theosophical Society
Madras, Indien

Deutsche Übersetzung als Nachdruck der Ausgabe
„Das Leben nach dem Tode“ (Genf 1952),
mit freundlicher Genehmigung der
Theosophischen Gesellschaft Schweizer Sektion.

Das Titelbild zeigt ein Gemälde von Klaus Holitzka

© Aquamarin Verlag
Voglherd 1 · D-8018 Grafing

Druck: Wiener Verlag, Himberg
Herstellung: P & P Lichtsatz GmbH, Grafing

ISBN 3-922936-76-8

Inhaltsverzeichnis

Wissen wir etwas Bestimmtes?

Das Problem des Lebens nach dem Tode ist von größtem Interesse für uns alle, nicht allein deshalb, weil wir selbst eines Tages sterben müssen, sondern weit mehr noch aus dem Grunde, weil kaum jemand unter uns ist – die Jüngeren vielleicht ausgenommen –, der nicht den einen oder andern ihm lieben und teuren Menschen durch den Tod, wie wir sagen, verloren hat. Wenn es irgendeine Information über das Leben nach dem Tode gibt, so liegt uns natürlich sehr daran, sie zu erhalten.

Aber der erste Gedanke, der beim Lesen obiger Überschrift im Gehirn auftaucht, ist gewöhnlich: „Kann man denn etwas Bestimmtes über das Leben nach dem Tode erfahren?" Viele religiöse Körperschaften haben uns verschiedene Theorien über diesen Gegenstand vorgelegt; aber dennoch scheinen die Gläubigsten der Anhänger dieser Sekten kaum an ihre Lehren darüber zu glauben; denn sie sprechen noch immer vom Tode als vom „Könige der Schrecken" und scheinen die ganze Frage als von Geheimnissen und Gefahren umgeben zu betrachten. Sie mögen einen Ausdruck wie „in Gott entschlafen" gebrauchen; aber trotzdem tragen sie noch schwarze Kleider und den Trauerflor, benützen auffallendes schwarzgerändertes Papier, umgeben den Tod mit den äußeren Zeichen der Trauer und des Jammers und mit allem, was dazu beitragen kann, ihn noch schwärzer und schrecklicher hinzustellen. Wir haben in dieser Hinsicht ein schlechtes Erbe angetreten. Wir haben diese düsteren Begräbnissitten von unseren Vorfahren übernommen, und daher sind wir daran gewöhnt und vermögen die Absurdität und Ungeheuerlichkeit alles dessen nicht einzusehen. Noch früher waren die Menschen in dieser Hinsicht weiser als wir; denn sie brachten diese düsteren Dinge nie mit dem Tode des Körpers in Verbindung, zum Teil wohl deshalb, weil sie beim Ablegen des Körpers eine gründliche Methode in Anwendung zu bringen pflegten, die in bezug auf den Toten und für die Gesundheit der Lebenden nicht nur bedeutend besser war, sondern auch nicht die Vorstellungen von langsamer Verwesung kannte. Die Alten wußten in jenen Tagen viel mehr über den Tod als wir, und eben, weil sie mehr wußten, trauerten sie weniger.

Vor allem müssen wir uns vor Augen halten, daß der Tod ein durchaus natürlicher Vorgang in unserem Leben ist. Dies sollten wir uns von Anfang an merken; denn wenn wir überhaupt an das Dasein eines Gottes, eines uns liebenden Vaters glauben, dann sollten wir wissen, daß ein Schicksal, das, wie der Tod, letzten Endes alle erreicht, für niemanden etwas Schlimmes bedeuten kann, und daß wir uns alle gleichermaßen in Gottes Schutz befinden, gleichgültig, ob wir in dieser oder jener Welt leben. Diese Betrachtung allein schon sollte uns zeigen, daß der Tod nicht etwas zum Fürchten, sondern einfach eine notwendige Stufe in unserer Entwicklung ist. Die Theosophie sollte nicht zu den christlichen Völkern kommen müssen, um sie zu lehren, daß der Tod ein Freund und kein Feind ist, und dies wäre auch nicht nötig, wenn die Christenheit nicht ihre eigenen besten Überlieferungen so weitgehend vergessen hätte. Sie ist so weit gekommen, das Grab als die Stätte anzusehen, „von der kein Mensch zurückkehrt", und das Versenken in die Gruft als einen Sprung ins Dunkle, in eine unbekannte Leere zu betrachten. In dieser wie auch in anderer Hinsicht bietet die Theosophie den westlichen Ländern ein Evangelium. Sie verkündet, daß es jenseits des Grabes keinen düsteren Abgrund gibt, sondern statt dessen eine Welt voll Licht und Leben, mit der wir genau so bekannt zu werden vermögen wie mit den Gassen unserer Vaterstadt. Wir haben uns die düstere Stimmung und den Schrecken selbst geschaffen wie Kinder, die einander durch Schauermärchen Furcht einflößen; aber wir brauchen nur die Tatsachen zu studieren, und alle diese künstlichen Wolken werden sofort verschwinden. Der Tod ist kein finsterer König der Schrekken, kein Skelett mit einer Sense, mit der er den Lebensfaden zerschneidet, sondern eher ein Engel im Besitze eines goldenen Schlüssels, mit dem er uns das Tor zu einem reicheren und höheren Leben öffnet.

Natürlich wird man sagen: „Das ist alles sehr schön und poetisch; aber wie können wir bestimmt wissen, daß es auch wirklich so ist?" Das kann auf mancherlei Art erkannt werden. Es gibt mehr als genug Beweise für jeden, der sich Mühe nehmen will, sie zu sammeln. Shakespeares Behauptung ist wirklich bemerkenswert, wenn wir bedenken, daß seit uralten Zeiten und in jedem uns bekannten Lande die Hinübergegangenen wieder aus dem Jenseits zurückkamen und sich ihren Mitmenschen zeigten. Für diese Erscheinungen, wie man sie genannt hat, sind viele Beweise vorhanden. Es gab Zeiten, in denen es Mode war, all diese Geschichten ins Lächerliche zu ziehen; heute ist dies aber nicht mehr der Fall, da Männer der Wissenschaft, wie Sir William Crookes, der Entdecker des Metalls Thallium und der Erfinder von Crookes Radiometer, sowie Sir Oliver Lodge, der große Elektroingenieur, und hervorragende Männer der Öffentlichkeit, wie Mr. Balfour, der frühere Premierminister von England, einer zur Untersuchung der erwähnten Phänomene gegründeten Gesellschaft beitraten und sich lebhaft in derselben betätigten. Lesen Sie die Berichte dieser „Gesellschaft für psychische Forschungen", und Sie werden Beweise für die Rückkehr der Toten finden. Lesen Sie Bücher wie Mr. Steads „Wahre Geistergeschichten" oder Camille Flammarions „Das Unbekannte". Sie werden darin eine Menge Berichte über Erscheinungen vorfinden, und zwar nicht von solchen, die sich vor Jahrzehnten in irgendeinem entfernten Lande zeigten, sondern hier unter uns selbst bei noch lebenden Menschen, die darüber befragt werden können, und welche die Tatsächlichkeit ihrer Erlebnisse bezeugen können.

Ein weiterer Beweis für das Fortleben nach dem Tode läßt sich durch das Studium des modernen Spiritismus erbringen. Ich weiß, daß viele Leute glauben, es gebe auf diesem Gebiete nur Schwindel und Betrug; aber ich persönlich kann dafür Zeugnis ablegen, daß das nicht der Fall ist. Wohl mag es in gewissen Fällen Schwindel und Betrug gegeben haben – ja, das hat es sogar gegeben –, aber nichtsdestoweniger behaupte ich furchtlos, daß große Wahrheiten dahinter stecken, die jeder erkennen kann, der gewillt ist, deren Erforschung die nötige Zeit und Geduld zu widmen. Auch hier gibt es eine reiche Literatur zum Studieren. Wer es aber vorzieht, kann seine Forschungen selber anstellen, wie ich es tat. Viele Leute mögen nicht gewillt sein, sich diese Mühe zu nehmen oder der Sache so viel Zeit zu widmen. Nun, das ist ihre eigene Angelegenheit; aber wenn sie nichts nachprüfen, so haben sie auch kein Recht, jene zu verhöhnen, die diese Dinge gesehen haben und daher wissen, daß sie existieren.

Ein dritter Beweis ergibt sich auf dem Wege direkter Untersuchungen, der den Schülern der Theosophie am ehesten zu empfehlen ist. Jeder Mensch hat latente Fähigkeiten, unentwickelte Sinne in sich. Wer sich die Mühe nimmt, diese Kräfte zu entfalten, kann die unsichtbare Welt unmittelbar erleben, die ganze Welt jenseits des Grabes wird offen vor seinen Augen liegen. Manche, die Theosophie studieren, haben die inneren Sinne bereits entwickelt, und gerade die auf diese Art erhaltenen Beweise sind es, die ich Ihnen zu unterbreiten wünsche. Ich weiß sehr wohl, daß ich damit eine große Zumutung an Sie stelle, eine Zumutung, die kein Kirchenlehrer je machen würde, wenn er Ihnen seine Version über den Zustand nach dem Tode übermittelt. Er wird sagen: „Die Kirche lehrt dies", oder „Die Bibel sagt uns das"; aber er wird nie sagen: „Ich selbst habe dies gesehen und weiß, daß es so ist." Die Theosophie ist dagegen in der Lage, Ihnen zu versichern, daß viele ihrer Anhänger persönlich von diesen Dingen Kenntnis haben; denn wir behandeln eine Reihe von Tatsachen, die wir erforscht haben, und die Sie Ihrerseits untersuchen können. Wir bieten Ihnen dar, was wir wissen; doch sagen wir zu Ihnen: „Wenn Ihnen dies nicht als vollkommen vernünftig erscheint, dann geben Sie sich mit unseren Behauptungen nicht zufrieden. Suchen Sie diese Dinge so gründlich wie möglich selbst zu erforschen, und dann werden Sie in der Lage sein, anderen gegenüber mit derselben Bestimmtheit zu sprechen, wie wir dies tun." Welche Tatsachen werden uns durch diese Forschungen enthüllt?

Die wahren Tatsachen

Was in der Astralwelt wirklich besteht, ist viel rationaler als die meisten umlaufenden Theorien. Es zeigt sich, daß beim Tode keine plötzliche Veränderung des Menschen eintritt, oder daß er nach irgendeinem Himmel jenseits der Sterne verzaubert wird. Im Gegenteil, der Mensch bleibt nach dem Tode genau das, was er vorher war – derselbe in bezug auf Intellekt, derselbe was seine Eigenschaften und Kräfte anbetrifft. Und die Verhältnisse, in denen er sich befindet, entsprechen denen, die seine eigenen Gedanken und Wünsche bereits für ihn geschaffen haben. Da erwartet ihn weder Belohnung noch Strafe von außen her, sondern einfach die Folge dessen, was er während seines Erdenlebens getan, gesagt und gedacht hat. Der Mensch zimmert sich tatsächlich sein Bett während seines Lebens, und nachher muß er darin liegen.

Die erste und bedeutendste Tatsache ist die, daß wir nach dem Tode kein unbekanntes, neues Leben vor uns haben, sondern eine Fortsetzung unseres jetzigen. Wir sind nicht getrennt von den Toten; denn sie sind hier die ganze Zeit um uns. Die einzige Trennung besteht in der Begrenzung unseres Bewußtseins, so daß wir unsere Lieben nicht verloren haben, sondern nur nicht die Fähigkeit besitzen, sie zu sehen. Es ist aber gut möglich, unser Bewußtsein auf eine solche Höhe zu bringen, daß wir sie sehen und mit ihnen sprechen können wie vordem, und wir alle tun dies beständig, obschon wir uns nur selten vollständig daran erinnern. Ein Mensch kann lernen, sein Bewußtsein auf seinen Astralkörper einzustellen, während sein physischer Körper wach ist; aber dies benötigt eine besondere Entwicklung, und beim Durchschnittsmenschen würde dies viel Zeit beanspruchen. Aber jeder Mensch benützt während des Schlafes des physischen Körpers seinen Astralkörper in größerem oder kleinerem Maße, und auf diese Weise verkehren wir täglich mit unseren hinübergegangenen Lieben. Manchmal erinnern wir uns schwach daran, daß wir ihnen begegnet sind, und dann sagen wir, wir hätten von ihnen geträumt. Häufiger jedoch haben wir keine Erinnerung an solche Begegnungen und wissen nicht, daß sie stattgefunden haben. Es ist jedoch keine feste Tatsache, daß die Bande der Zuneigung stets gleich stark sind, und deshalb sucht der Mensch natürlicherweise im Moment, da er von den Begrenzungen seiner physischen Hülle befreit ist, die Gesellschaft derer auf, die er liebt. Die einzige Veränderung besteht darin, daß er die Nacht statt des

Tages mit ihnen verbringt, und er ist sich astral statt physisch bewußt.

Etwas ganz anderes und unabhängig davon ist das Herüberbringen der Erinnerung von der Astralebene zur physischen. Dies berührt unser Bewußtsein auf jener Ebene gar nicht, auch nicht unsere Fähigkeit, dort mit Leichtigkeit und in voller Freiheit zu funktionieren. Ob man sich der Toten erinnert oder nicht, sie leben ihr Leben dicht bei uns, und der einzige Unterschied ist der, daß sie die Fleischeshülle, die wir Körper nennen, abgelegt haben. Das verändert sie aber nicht, ebensowenig wie unsere Persönlichkeit verändert wird, wenn wir den Mantel ablegen. Man fühlt sich tatsächlich etwas freier, weil man weniger Gewicht zu tragen hat, und genau dasselbe ist bei den Toten der Fall. Die Leidenschaft des Menschen, seine Zuneigungen, seine Gemütsbewegungen und sein Intellekt werden nicht im geringsten beeinflußt, wenn er stirbt; denn es gehört nichts davon dem physischen Körper an, den er abgelegt hat. Er hat diese Hülle abgestreift und lebt in einer anderen; aber er ist immer noch befähigt, wie früher zu denken und zu fühlen.

Ich weiß, wie schwierig es für den Durchschnittsdenker ist, die Wirklichkeit dessen zu

21

erfassen, was wir mit unseren physischen Augen nicht sehen können. Es ist sehr schwer für uns, zu erkennen, wie unvollständig unser Sehvermögen ist – zu verstehen, daß wir in einer ungeheuren Welt leben, von der wir nur einen winzigen Teil sehen. Doch sagt uns die Wissenschaft mit Bestimmtheit, daß dies so ist; denn sie beschreibt uns ganze Welten kleinerer Lebewesen, von deren Vorhandensein wir keine Ahnung hätten, wenn nur unsere Sinne zu ihrer Wahrnehmung in Betracht kämen. Auch sind die Geschöpfe dieser Welten nicht unwichtig, weil sie so winzig sind; denn von der Kenntnis des Zustandes und der Lebensweise verschiedener dieser Mikroben hängt unsere Fähigkeit ab, unsere Gesundheit und in manchen Fällen sogar unser Leben zu bewahren. Aber unsere Sinne sind noch in anderer Hinsicht begrenzt. Wir können nicht einmal die Luft sehen, die uns umgibt, unsere Sinne geben uns keinen Hinweis auf ihr Vorhandensein, außer daß wir sie durch den Gefühlssinn gewahr werden, wenn sie bewegt ist. Und doch steckt in ihr eine Kraft, welche die gewaltigsten Schiffe zum Scheitern bringen und unsere solidesten Gebäude niederreißen kann. Sie sehen, daß es rings um uns ungeheure Kräfte gibt, die jedoch unseren armseligen und beschränkten Sinnen entgehen; deshalb müssen wir uns hüten, in den allgemein verbreiteten Irrtum zu verfallen, daß das, was wir sehen, alles ist, was es gibt.

Wir sind sozusagen in einen Turm eingeschlossen, und unsere Sinne sind winzige, nach gewissen Richtungen gehende Fenster. Viele andere Richtungen sind uns vollkommen verschlossen; aber Hellsehen oder Astralsehen öffnet uns ein oder zwei Fenster mehr und erweitert so unseren Ausblick und breitet vor uns eine neue und ausgedehntere Welt aus, die doch ein Teil der alten ist, obschon wir vorher nichts davon wußten.

Was würden wir zunächst sehen, wenn wir in diese neue Welt hinausschauten? Nehmen wir an, jemand von uns verlegte sein Bewußtsein auf die Astralebene. Welche Veränderungen würden ihm zuerst auffallen? Auf den ersten Blick würde er keinen großen Unterschied bemerken, und er würde glauben, auf dieselbe Welt zu schauen wie vorher. Lassen Sie mich Ihnen wenigstens teilweise erklären, warum das so ist; denn eine vollständige Erklärung würde eine ganze Abhandlung über Astralphysik beanspruchen. Einzelheiten darüber finden sich in meinem Buche: „Jenseits des Todes." Genau so, wie es auf Erden ver-

schiedene Arten von Stoffen gibt, feste, flüssige und gasförmige, so gibt es verschiedene Zustände oder Dichtigkeitsgrade der astralen Materie, und jeder Grad wird von dem ihm ähnlichen auf der physischen Welt angezogen und stimmt mit ihm überein. Unser Freund würde also immer noch die Wände und Möbel sehen, an die er gewöhnt war; denn obgleich der physische Stoff, aus dem sie zusammengesetzt sind, für ihn nicht mehr sichtbar wäre, so würde ihm doch die dichteste Art der Astralmaterie einen ebenso klaren Umriß davon geben wie früher. Wenn er den betreffenden Gegenstand genau untersuchen würde, so könnte er bemerken, daß alle Partikelchen in rasender Bewegung sind, was auf der physischen Ebene unsichtbar war für ihn; aber wenige Menschen sind genaue Beobachter, und deshalb weiß ein eben Verstorbener zuerst oft gar nicht, daß eine Veränderung mit ihm vorgegangen ist.

Er schaut um sich und sieht die ihm vertrauten Räume noch immer von denen bewohnt, die er gekannt und geliebt hat – denn auch sie haben Astralkörper, die innerhalb seines neuen Sehbereiches sind. Erst nach und nach wird er sich bewußt, daß in mancher Hinsicht ein Unterschied besteht. Er findet zum Beispiel bald heraus, daß es für ihn weder Schmerz noch Müdigkeit mehr gibt. Wenn Sie sich vorstellen können, was das heißt, dann haben Sie einen Begriff davon, was das höhere Leben wirklich ist. Bedenken Sie nur, Sie, die kaum je einen ruhigen Augenblick haben, die unter dem Drucke des geschäftigen Lebens sich kaum erinnern können, wann sie zuletzt frei waren von Müdigkeit, bedenken Sie: was würde es für Sie heißen, nie mehr die Bedeutung der Worte Müdigkeit und Schmerz zu kennen? Wir Bewohner der westlichen Länder haben unsere Lehre über die Unsterblichkeit so schlecht gehandhabt, daß es ein Verstorbener gewöhnlich schwer hat zu glauben, daß er tot ist, aus dem einfachen Grunde, weil er immer noch sieht und hört, denkt und fühlt. Oft wird er sich sagen: „Ich bin nicht tot; ich bin so lebendig wie sonst, und besser als ich je war." Das ist er natürlich; aber gerade das hätte er erwarten sollen, wenn er richtig belehrt worden wäre.

Die Erkenntnis seines Zustandes kommt ihm vielleicht auf folgende Weise: Er sieht seine Freunde um sich; aber er entdeckt bald, daß er nicht immer mit ihnen verkehren kann. Er spricht manchmal mit ihnen; aber sie scheinen nicht zu hören. Er versucht, sie zu berühren; aber er bemerkt, daß sie nicht darauf reagieren. Selbst dann redet er sich eine Zeitlang noch ein, daß er träumt und bald erwachen wird; denn zu anderen Zeiten – wenn seine Freunde schlafen, wie wir sagen – sind sie sich seiner vollständig bewußt und sprechen mit ihm wie früher. Aber nach und nach erkennt er die Tatsache, daß er doch tot ist, und dann wird er gewöhnlich bedrückt. Warum? Wiederum nur, weil er so ungenaue Belehrungen erhalten hat. Da sein Zustand nicht dem entspricht, was er vom orthodoxen Standpunkt aus erwartete, begreift er nicht, wo er ist und was geschehen ist. Ein englischer General sagte einmal bei einer solchen Gelegenheit: „Aber wenn ich tot bin, wo bin ich? Wenn jenes der Himmel ist, so halte ich nicht viel davon, und wenn es die Hölle ist, so ist sie besser, als ich erwartete!"

Das Fegefeuer

Viel absolut unnötiges Gedrücktsein und selbst eigentliches Leiden wurde durch diejenigen verursacht, die immer noch fortfahren, der Welt einfältige Fabeln über gar nicht existierende Schreckgespenste zu erzählen, statt daß sie Vernunft und gesunden Menschenverstand walten lassen. Die ganz unbegründete und lästerliche Theorie vom Höllenfeuer hat mehr Unheil gestiftet, als die sich vorstellen können, die sie erfunden haben; denn sie hat sowohl jenseits des Grabes als auch auf Erden Schlimmstes angerichtet. Aber gelegentlich wird der „tote" Mensch einem anderen Toten begegnen, der vernünftiger belehrt worden ist, und dieser wird ihm beibringen, daß er keine Angst zu haben braucht, und man in dieser neuen Welt ein ebenso vernünftiges Leben führen kann wie in der alten.

Allmählich wird er herausfinden, daß es sowohl viel Neues als auch Gegenstücke zu dem ihm bereits Bekannten gibt; denn in dieser astralen Welt kommen Gedanken und Wünsche in sichtbaren Formen zum Ausdruck, wenn sie auch meistens aus dem feineren Stoffe der Astralebene gebildet sind. Je weiter der Mensch im astralen Leben fortschreitet, um so ausgeprägter werden diese Gebilde; denn wir müssen bedenken, daß er sich beständig mehr und mehr in sich zurückzieht. Die ganze Zeit einer Inkarnation wird in Wirklichkeit vom Ego damit ausgefüllt, daß es sich zuerst in die Materie versenkt, um sich dann mit den Ergebnissen seiner Anstrengung wieder zurückzuziehen. Wenn man einen gewöhnlichen Menschen bitten würde, das Leben durch eine Linie symbolisch darzustellen, so würde er sie wahrscheinlich gerade ziehen, mit der Geburt beginnend und mit dem Tode endend. Wer aber Theosophie studiert, sollte sich das Leben eher wie eine große Ellipse vorstellen, die vom Ego auf der höheren Mentalebene ausgeht und zu diesem zurückkehrt. Die Linie würde sich in die niedere Mentalebene und dann in die astrale hinunterziehen. Nur ein verhältnismäßig kleiner Teil am unteren Ende der Ellipse läge auf der physischen Ebene, und die Linie würde sehr bald wieder in die Astral- und Mentalebenen aufsteigen. Das physische Leben würde deshalb nur durch den kleinen Teil der Kurve dargestellt, der unterhalb der Linie liegt, die die Grenze zwischen der astralen und der physischen Ebene bildet, und Geburt und Tod würden einfach durch die beiden Schnittpunkte der Kurve mit dieser Linie bezeichnet – und keinesfalls sind dies die wichtigsten Punkte des Ganzen.

Der wirkliche Mittelpunkt wäre der am weitesten vom Ego entfernte Punkt – sozusagen der Drehpunkt –, den man in der Astronomie Aphelion nennt. Das ist weder Geburt noch Tod, sondern wäre ein mittlerer Punkt im physischen Leben, wo sich die Stoßkraft des Egos nach vorwärts erschöpft hat und sich wendet, um den langen Prozeß des In-sich-Zurückkehrens zu beginnen. Allmählich sollten sich seine Gedanken nach oben wenden; es kümmert sich immer weniger um bloß physische Dinge, und endlich legt es den physischen Körper ganz ab. Damit beginnt sein Leben auf der astralen Ebene; aber auch während seiner ganzen Dauer setzt sich der Prozeß des In-sich-Zurückziehens fort. Die Folge davon ist, daß es der niedrigeren Materie, aus welcher Gegenstücke von physischen Dingen gebildet sind, im Laufe der Zeit immer weniger Aufmerksamkeit schenkt. Es beschäftigt sich mehr und mehr mit jener feineren Materie, aus denen die Gedankenformen bestehen – das heißt, soweit Gedankenformen überhaupt auf der Astralebene vorkommen. So verbringt es sein Leben mehr und mehr in einer Welt von Gedanken, und das Gegenstück der Welt, die es verlassen hat, entschwindet seinem Blick, nicht weil es räumlich seinen Aufenthalt geändert, sondern weil sich der Mittelpunkt seines Interesses verschoben hat. Seine Wünsche bestehen aber immer noch, und die es umgebenden Formen werden größtenteils der Ausdruck dieser Wünsche sein. Ob sein Leben glücklich oder unglücklich ist, wird hauptsächlich von der Art dieser Wünsche abhängen.

Ein Studium dieses astralen Lebens zeigt uns sehr deutlich den Grund zu vielen ethischen Vorschriften. Die meisten Menschen erkennen, daß Sünden, die andere schädigen, offenbar und entschieden unrecht sind; aber sie wundern sich manchmal, warum man sagen sollte, es sei unrecht von ihnen, Neid, Haß oder Ehrgeiz zu empfinden, solange sie diese Gefühle nicht nach außen durch Tat oder Worte bekunden. Ein Blick in die Astralwelt zeigt uns deutlich, wie solche Gefühle dem Menschen schaden, der sie hegt, und wie sie ihm nach seinem Tode die schwersten Leiden zuziehen können. Wir werden dies besser begreifen, wenn wir einige typische Fälle aus dem Astralleben untersuchen und ihre Hauptmerkmale betrachten.

Wir wollen zunächst an einen Durchschnittsmenschen denken, der weder besonders gut noch besonders schlecht ist, der überhaupt nichts Besonderes ist. Dieser Mensch ist in keiner Weise verändert; somit wird sein Hauptmerkmal nach dem Tode Mittelmäßigkeit bleiben, wenn wir diese als ein Merkmal bezeichnen können. Er wird keine besondere Freude und kein besonderes Leid empfinden und wird das Astralleben eher eintönig finden, weil er während seines Erdenlebens keine vernünftigen Interessen verfolgt hat. Hat er für weiter nichts Sinn gehabt als für Klatscherei oder Sport, sein Geschäft oder seine Kleider, so wird ihm die Zeit wohl sehr lange werden, wenn nun alle diese Dinge nicht mehr möglich sind. Aber schlimmer noch ist der Fall eines Menschen mit starken Wünschen materieller Art, die nur auf der physischen Ebene befriedigt werden konnten. Man denke an einen Trinker oder an einen Lüstling. Während seines Erdenlebens war er der Sklave eines überwältigenden Triebes, und dieser bleibt nach seinem Tode unvermindert – vielmehr ist er stärker denn je, da dessen Schwingungen nicht mehr die schweren physischen Partikel in Bewegung zu setzen brauchen. Aber die Möglichkeit, diesen furchtbaren Trieb zu befriedigen, ist für immer ausgeschlossen, weil der Körper nicht mehr vorhanden ist, durch den allein er befriedigt werden konnte. Wir sehen, daß das Fegefeuer kein übles Symbol ist für die

Schwingungen eines so quälenden Wunsches wie dieser. Er mag lange Zeit anhalten, da er sich erst allmählich erschöpft, und das Schicksal dieses Menschen ist zweifellos schrecklich. Doch gibt es zwei Punkte, die wir bei dessen Betrachtung berücksichtigen sollten. Erstens: der Mensch hat sich dieses Schicksal durchaus selbst geschaffen und den genauen Grad seiner Wirkung und dessen Dauer bestimmt. Hätte er jenen Trieb während seines Erdenlebens überwunden, so wäre genau so viel weniger davon geblieben, das ihn nach dem Tode hätte quälen können. Zweitens: Dies ist die einzige Art, auf die er sich von seinem Laster befreien kann. Könnte er vom Leben eines Lüstlings und Trinkers direkt in seine nächste Inkarnation übergehen, so würde er als Sklave seines Lasters geboren – es würde ihn von Anfang an beherrschen, und er hätte keine Möglichkeit, ihm zu entfliehen. Aber nun, da der Trieb in sich selbst erstorben ist, wird er seine neue Laufbahn ohne diese Last beginnen, und die Seele, die eine so ernste Lektion erhalten hat, wird alle nur möglichen Anstrengungen machen, ihre niedrigen Hüllen vor der Wiederholung eines solchen Irrtums zu bewahren.

All dies war der Welt zur Zeit des klassischen Altertums noch bekannt. Wir sehen dies klar veranschaulicht in der Sage von Tantalus, der beständig an glühendem Durst litt, jedoch dazu verdammt war, das Wasser jedesmal zurückweichen zu sehen, wenn es im Begriffe war, seine Lippen zu berühren. Manche andere Sünde verursacht ebenso gräßliche Wirkungen, obschon eine jede ihrer Ursache entspricht. Man stelle sich vor, wie der Geizhals leiden muß, wenn er sein Gold nicht mehr anhäufen kann, wenn er vielleicht sogar weiß, daß es von fremden Händen ausgegeben wird. Man denke an die Qualen eines Eifersüchtigen, dessen Gefühle noch stärker sind als auf Erden, wenn er weiß, daß er keine Macht hat, sich irgendwie einzumischen. Wir werden auch an die griechische Sage von Sisyphus erinnert, der dazu verdammt war, einen schweren Felsblock den Berg hinaufzuwälzen, um ihn jedesmal hinabrollen zu sehen, wenn er den Gipfel beinahe erreicht hatte. Beachten Sie, wie typisch dies das jenseitige Leben eines Menschen darstellt, der nur nach weltlichem Ehrgeiz trachtete. Sein ganzes Leben lang pflegte er selbstsüchtige Pläne zu schmieden, und deshalb fährt er fort, dies in der Astralwelt zu tun. Er baut seinen Plan im Gehirn bis zur Vollkommenheit auf, um dann einsehen zu müssen, daß er den zur Ausführung notwendigen physischen Körper nicht mehr hat. Seine Hoffnungen stürzen zusammen; aber die Gewohnheit ist so fest eingewurzelt, daß er immer wieder denselben Fels auf denselben Berg des Ehrgeizes hinaufwälzt, bis das Laster erstirbt. Dann endlich begreift er, daß er den Felsen nicht hinaufzuwälzen braucht und läßt ihn friedlich am Fuße des Berges liegen.

Wir haben den gewöhnlichen Menschen und den sich von ihm durch seine selbstsüchtigen Triebe unterscheidenden ins Auge gefaßt. Nun wollen wir den Fall jenes Menschen betrachten, der von dem gewöhnlichen Menschen in entgegengesetzter Richtung abweicht – des Menschen, der Interessen vernünftiger Art hat. Um zu verstehen, wie ihm das Leben nach dem Tode vorkommt, müssen wir uns vergegenwärtigen, daß die meisten Menschen den größten Teil ihres Lebens und am meisten Kraft einer Arbeit widmen, die sie nicht wirklich lieben und die sie überhaupt nicht verrichten würden, wenn sie nicht damit ihr Brot verdienen oder diejenigen unterstützen müßten, die von ihnen abhängig sind. Denken Sie sich die Lage des Menschen, der all diese Mühsale überstanden hat, der das tägliche Brot nicht mehr zu verdienen braucht, da der Astralkörper weder Nahrung, noch Kleidung, noch

Wohnung nötig hat. Dieser Mensch ist zum ersten Mal seit seiner frühesten Kindheit frei zu tun, was ihm gefällt, und kann seine ganze Zeit seiner Lieblingsbeschäftigung widmen – insofern diese ohne physische Materie ausgeübt werden kann. Angenommen, ein Mensch habe die größte Freude an Musik. Auf der Astralebene hat er Gelegenheit, der großartigsten Musik zuzuhören, die auf Erden hervorgebracht werden kann, ja, er ist sogar fähig, in den neuen Verhältnissen viel mehr in ihr zu hören als früher, da jetzt andere und vollkommenere Harmonien in seinem Bereich sind, als unsere wenig empfindlichen Ohren aufzunehmen vermögen. Der Mensch, dessen größte Freude die Kunst ist, der Schönheit in Farbe und Form liebt, hat all die Pracht dieser höheren Welt um sich, aus der er wählen kann. Liebt er die Schönheiten der Natur, so hat er unvergleichliche Möglichkeiten, sie zu genießen; denn er kann sich jederzeit schnell von Ort zu Ort begeben und sich in rascher Aufeinanderfolge an Naturwundern erfreuen, deren Besuch für den physischen Menschen Jahre erfordern würde. Hegt er große Vorliebe für Wissenschaften oder Geschichte, so stehen ihm die Bibliotheken und Laboratorien der Welt zur Verfügung, und sein Verständnis für chemische und biologische Prozesse wäre viel größer als je zuvor; denn jetzt könnte er sowohl die inneren als auch die äußeren Vorgänge und auch ihre Ursachen und Wirkungen beobachten. Und dazu kommt noch in allen diesen Fällen die Wonne, daß keine Ermüdung möglich ist. Hier wissen wir, daß wir unsere Studien oder Experimente oft nicht weiterführen können, weil unser Gehirn nur eine gewisse Anstrengung erträgt. Jenseits der physischen Welt aber tritt keine Ermüdung ein; denn in Wirklichkeit ermattet nur das physische Gehirn, nicht aber der Verstand.

Die ganze Zeit habe ich nur von selbstsüchtigem Genießen gesprochen, obschon es rationeller und intellektueller Art ist. Aber es gibt Menschen unter uns, die nicht befriedigt wären ohne etwas Höheres als dies – deren größte Freude in irgendeinem Leben darin besteht, ihren Mitmenschen zu dienen. Was steht diesen Menschen im Astralleben bevor? Sie werden ihre Philanthropie nachdrucksvoller denn je und unter günstigeren Bedingungen als auf dieser niedrigen Ebene ausüben. Es gibt Tausende, denen sie helfen können, und zwar mit weit größerer Gewißheit, wirklich Gutes tun zu können, als dies gewöhnlich in diesem Leben geschieht. So widmen sich einige der allgemeinen Wohlfahrt; manche nehmen sich speziell ihrer eigenen Familie oder ihrer Freunde an, mögen sie noch lebend oder schon tot sein. Die Anwendung dieser Wörter „lebendig" und „tot" ist eine merkwürdige Umkehrung der Tatsachen; denn sicher sind wir die Toten, wir, die wir in diesem grobstofflichen Körper begraben sind; sie aber, die so viel freier und leistungsfähiger, weil weniger behindert sind, sind tatsächlich die Lebenden. Die in dieses höhere Leben eingegangene Mutter wird oft noch über ihrem Kinde wachen und ihm ein wahrer Schutz engel sein; der „tote" Gatte bleibt oft noch in Reichweite und in Kontakt mit seiner trauernden Gattin, und er ist dankbar, wenn er sie ab und zu fühlen lassen kann, daß er in Kraft und Liebe bei ihr ist wie früher.

Sie mögen denken, daß es unter solchen Umständen gut sei, möglichst früh zu sterben. Das scheint dem Selbstmord das Wort zu reden. Wenn Sie nur an sich und an ihr Vergnügen denken, dann wäre dies allerdings richtig. Aber wenn Sie an ihre Pflichten Gott und Ihren Mitmenschen gegenüber denken, werden Sie zu einer gegenteiligen Ansicht kommen. Sie sind zu einem bestimmten Zwecke hier – einem Zwecke, der nur auf dieser physischen Ebene erreicht werden kann. Die Seele muß viele Mühsale auf sich nehmen, muß viele Einschränkungen erfahren, um diese irdische Inkarnation zu erleben, und deshalb dürfen ihre Anstrengungen nicht unnötigerweise zunichte werden. Der Selbsterhaltungstrieb wohnt in unserer Brust, und wir haben die Pflicht, so viel wie möglich aus unserem Erdenleben zu machen und es so lange zu erhalten, als es die Umstände erlauben. Es gibt auf dieser Ebene Lektionen zu erlernen, die nirgends sonst gelernt werden können, und je eher wir dies tun, desto rascher werden wir für immer von der Notwendigkeit befreit sein, zu diesem niedrigen und begrenzteren Leben zurückzukehren. So soll es niemand wagen zu sterben, ehe seine Zeit gekommen ist, obschon er sich wohl freuen mag, wenn dieser Zeitpunkt eintritt; denn er schreitet in der Tat von der Arbeit zur Erholung. Doch ist alles, was ich Ihnen jetzt gesagt habe, unbedeutend, verglichen mit dem Glanze des darauffolgenden Lebens – des Lebens in der Himmelswelt. Jenes Leben ist das Fegefeuer – das im Himmel aber ist jene von Mönchen geträumte und von Dichtern besungene endlose Wonne, die kein Traum ist, sondern eine lebendige, glorreiche Wirklichkeit. Das

Astralleben ist glücklich für manche, unglücklich für andere, je nach der Vorbereitung dazu; aber was darauffolgt, ist vollkommene
Glückseligkeit für alle und ist den Bedürfnis-
sen eines jeden genau angepaßt.

Ehe wir dieses Kapitel beschließen, lassen
Sie mich noch auf eine oder zwei Fragen eingehen, die fortwährend bei jenen auftauchen,
die Auskunft über das Leben nach dem Tode
wünschen. Manche fragen: „Werden wir dort
Fortschritte machen können?" Zweifellos,
denn das Gesetz des göttlichen Planes ist Fort-
schritt. Er ist möglich, unserer Entwicklung
genau entsprechend. Der Mensch, der der
Sklave seiner Triebe ist, kann nur fortschrei-
ten, indem er sie erschöpft; das ist immerhin
das Beste, das auf seiner Stufe möglich ist.
Aber der gütige und hilfsbereite Mensch lernt
viel und auf mancherlei Art durch die Arbeit,
die er in jenem astralen Leben zu verrichten
fähig ist. Er wird mit vielen Kräften und Eigenschaften auf die Erde zurückkehren, die
er durch Übung in selbstlosem Mühen erworben hat. Somit brauchen wir uns hinsichtlich
dieser Frage des Fortschrittes keine Sorgen
zu machen.

Eine andere, oft erhobene Frage ist die, ob
wir unsere ins Jenseits vorangegangenen Lie-

ben wiedererkennen werden. Gewiß wird dies der Fall sein; denn weder sie noch wir werden verändert sein. Warum sollten wir sie also nicht erkennen? Die gegenseitige Zuneigung besteht immer noch und wirkt wie ein Magnet, der diejenigen zusammenführt, die diese Zuneigung hegen, und zwar rascher und sicherer als hier. Wenn einer unserer Lieben diese Erde schon lange verlassen hat, mag es allerdings sein, daß er auch die Astralebene bereits hinter sich hat und in die Himmelswelt eingegangen ist. In diesem Falle müssen wir warten, bis auch wir jene Stufe erreicht haben, bevor wir ihn treffen können; aber wenn es soweit ist, werden wir uns vollkommener mit ihm vereint fühlen, als wir uns auf dieser Erde je vorstellen können. Aber seien Sie versichert, daß Ihre Lieben nicht verloren sind. Starben sie vor kurzem, so werden sie Ihnen auf der Astralebene begegnen; sind sie schon lange tot, so werden Sie sie in der Himmelswelt wiederfinden; aber auf jeden Fall ist die Wiedervereinigung gewiß, wo Zuneigung besteht. Denn im Leben wie im Tode ist die Liebe eine der mächtigsten Kräfte des Universums.

Über dieses höhere Leben bietet die einschlägige Literatur interessanten Aufschluß, und es lohnt sich wohl, diesen Gegenstand zu studieren; denn das Wissen um die Wahrheit befreit von aller Furcht vor dem Tode und macht das Leben lebenswerter, weil wir seinen Sinn und Zweck verstehen. Der Tod bringt keine Leiden, sondern nur Freude denen, die das wahre, das selbstlose Leben führen. Das alte lateinische Sprichwort „Mors janua vitae" – der Tod ist das Tor zum Leben – trifft im wahrsten Sinne des Wortes zu. Es sagt genau, was der Tod ist – ein Tor zu einem erweiterten und höheren Leben. Diesseits wie jenseits des Grabes herrscht das große Gesetz der göttlichen Gerechtigkeit, und wir können für uns und unsere Lieben hier wie im Jenseits unbedingt der Wirksamkeit dieses Gesetzes vertrauen.

Die Himmelswelt

Alle Religionen stimmen überein in der Annahme eines Himmels und erklären, daß der Genuß von dessen Wonne einem gut geführten Erdenleben folgt. Christentum und Islam bezeichnen ihn als eine von Gott zugedachte Belohnung für die, die ihm wohlgefällig sind. Die meisten anderen Religionen aber beschreiben ihn als das unfehlbare Resultat des guten Lebens, genau so wie dies auch vom theosophischen Standpunkt aus geschieht. Obgleich alle Religionen dieses glückliche Leben in glühenden Farben geschildert haben, ist es doch keiner gelungen, ihren Beschreibungen den Eindruck der Wirklichkeit zu verleihen. Alles, was über den Himmel geschrieben wurde, weicht von allen uns bekannten Dingen so sehr ab, daß uns manche Schilderungen fast grotesk anmuten. Wir möchten dies nicht von den uns seit unserer Kindheit vertrauten Legenden behaupten; aber wenn uns die Geschichten einer der anderen großen Religionen vorgelesen würden, so könnten wir dies leicht genug erkennen. In buddhistischen oder hinduistischen Büchern wird man übertriebene Berichte von unermeßlichen Gärten finden, deren Bäume von Gold und Silber sind, und deren Früchte aus Juwelen aller Art bestehen. Man könnte versucht sein, darüber zu lächeln, wenn einem nicht der Gedanke käme, daß dem Buddhisten und Hindu unsere Märchen von Straßen aus Gold und Toren aus Perlen schließlich ebenso unwahrscheinlich vorkommen müssen. Tatsächlich wird diesen Berichten nur etwas Lächerliches anhaften, wenn wir sie wörtlich nehmen und übersehen, daß jeder Schreiber sich von seinem Standpunkt aus an dieselbe Aufgabe heranmacht, und daß sie allen gleichermaßen nicht gelingt, weil die große Wahrheit, die hinter allem steckt, überhaupt nicht in Worten ausgedrückt werden kann. Der Hindu-Schriftsteller hatte zweifellos einige der großartigsten Gärten indischer Könige gesehen, in denen solche Zierden, die er beschreibt, häufig angebracht wurden. Dem jüdischen Schriftsteller waren derartige Dinge nicht geläufig; aber er wohnte in einer großen, prächtigen Stadt – wahrscheinlich in Alexandria – und deshalb war seine Vorstellung von der Himmelspracht eine Stadt, aber sie übertraf alles, was es auf Erden gab, durch die Kostbarkeit ihres Materials und ihrer Schönheiten. So versucht jeder mit den ihm vertrauten Vergleichen eine Wahrheit zu schildern, die zu erhaben ist, um in Worten ausgedrückt zu werden.

Es hat immer wieder Menschen unter uns gegeben, welche die Glorie des Himmels gesehen und versucht haben, sie mit ihren schwachen Mitteln zu beschreiben. Einige unserer Leute, die Theosophie studieren, gehören dazu, und im theosophischen Handbuch „Die Devachan-Ebene" (Leipzig 1911) machte ich selbst einen Versuch in jener Richtung. Wir sprechen jetzt nicht von Gold und Silber, Rubinen und Diamanten, wenn wir die Vorstellung der größtmöglichen Verfeinerung und Schönheit in Farbe und Form vermitteln wollen; wir nehmen unsere Vergleiche vielmehr von den Farben des Sonnenunterganges und von all der Pracht des Meeres und des Himmels, weil sie uns himmlischer vorkommen. Dennoch aber wissen alle diejenigen, die die Wahrheit gesehen haben, daß uns alle unsere Versuche, sie zu beschreiben, ebenso mißlungen sind, wie es den orientalischen Schriftstellern nicht geglückt ist, die Vorstellung einer Wirklichkeit zu übermitteln, die keine Worte je schildern können, obschon sie jeder eines Tages schauen und erkennen wird.

Denn dieser Himmel ist kein Traum; er ist eine leuchtende Wirklichkeit; aber um überhaupt etwas davon zu verstehen, müssen wir zuerst eine unserer alten Ideen über dieses

Kapitel ändern. Der Himmel ist kein Ort, sondern ein Bewußtseinszustand. Wenn Sie mich fragen: „Wo ist der Himmel?" muß ich Ihnen antworten, daß er hier ist – rings um Sie herum, gerade in diesem Augenblicke, so nahe wie die Luft, die Sie atmen. Das Licht ist überall um euch, wie Buddha schon vor langen Zeiten sagte; ihr braucht nur die Binde von euren Augen zu nehmen und zu schauen. Aber was bedeutet dieses Entfernen einer Binde? Wofür ist es Symbol? Es handelt sich einfach darum, das Bewußtsein auf eine höhere Stufe zu erheben, und um die Fähigkeit, es in den Körper aus feinerem Stoffe überzuleiten. Ich habe bereits von der Möglichkeit gesprochen, dasselbe in bezug auf den Astralkörper zu tun, wodurch die Astralwelt geschaut werden kann. Nun bedarf es nur einer weiteren Stufe im gleichen Prozeß, nämlich des Er-hebens des Bewußtseins in die mentale Welt; denn der Mensch besitzt auch für diese Ebene einen Körper, durch den er jene Schwingungen aufzunehmen und in der strahlenden Pracht des Himmels zu leben vermag, obwohl er noch immer einen physischen Körper besitzt – zu dem zurückzukehren er nach solchen Erfahrungen allerdings wenig Neigung verspüren dürfte.

Der Durchschnittsmensch erreicht diesen Zustand der Wonne erst nach dem Tode, und zwar mit Ausnahme weniger, seltener Fälle nicht sofort, nachdem dieser erfolgt ist. Ich habe bereits erklärt, wie sich das Ego nach dem Tode des physischen Körpers mehr und mehr in sich zurückzieht. Das ganze astrale Leben ist in Wirklichkeit ein beständiges Sich-zurückziehen, und wenn die Seele im Laufe der Zeit die Grenze der astralen Welt erreicht, so stirbt der Mensch für diese, genau so, wie dies früher auf der physischen Ebene geschah. Das heißt, daß er den Körper der Astralwelt ablegt und zurückläßt, während er selbst in ein höheres und vollkommeneres Leben eingeht. Diesem zweiten Tode gehen weder Schmerzen noch Leiden irgendwelcher Art voraus; doch tritt wie beim ersten Tode gewöhnlich eine Zeit der Bewußtlosigkeit ein, aus der der Mensch allmählich erwacht. Vor einigen Jahren schrieb ich ein Buch, betitelt „Die Devachan-Ebene”. Ich bemühte mich, dem Leser darin ausführlicher zu beschreiben, was er dort sehen würde, und soweit es mir möglich war, tabellarisierte ich die verschiedenen Unterebenen dieses herrlichen Landes des Lichtes und schilderte Einzelheiten, die bei unseren Untersuchungen in Verbindung mit diesem Himmelsleben beobachtet worden waren. Jetzt werde ich versuchen, diese Dinge mit Ihnen von einem anderen Standpunkt aus zu betrachten, und wer es wünscht, kann das Nachstehende durch die Lektüre des Buches ergänzen.

Die vielleicht am besten verständliche einführende Feststellung ist die, daß diese Ebene die Sphäre des göttlichen Geistes ist, daß wir hier wahrhaftig im Reiche der Gedanken selbst leben, und daß alles, was der Mensch nur irgendwie denken könnte, hier in lebendiger Wirklichkeit vorhanden ist. Dadurch, daß wir die Gewohnheit haben, materielle Dinge als wirklich bestehend, nichtmaterielle aber als Traumgebilde und deshalb als unwirklich zu betrachten, sind wir sehr benachteiligt; denn in Wirklichkeit ist alles Materielle in diesem Stoff begraben und verborgen, und darum ist es weit weniger wahrnehmbar und erkennbar – wie wirklich es auch sein mag – als wenn es von einem höheren Standpunkt aus betrachtet würde. So denken wir sofort an eine Scheinwelt, wenn wir von einer Welt der Gedankenformen hören, an eine Welt, die „aus Stoff besteht, aus dem die Träume gewoben sind", wie der Dichter sagt.

Versuchen Sie sich vorzustellen, daß das

erste Gefühl eines Menschen, der seinen physischen Körper verläßt und sein Bewußtsein dem astralen Leben öffnet, das Gefühl intensiver Lebendigkeit und Wirklichkeit jenes Lebens ist, so daß er denkt: „Jetzt weiß ich zum ersten Male, was leben heißt." Aber wenn er dann später dieses Leben verläßt, um in ein höheres einzugehen, macht er genau dieselbe Erfahrung; denn das neue Leben ist seinerseits so viel vollendeter, ausgedehnter und intensiver als das Astralleben, daß wiederum kein Vergleich möglich ist. Und doch gibt es noch ein anderes Leben, das all dies übertrifft, mit dem verglichen sogar jenes nur wie Mondlicht im Verhältnis zum Sonnenlicht ist; aber es ist zwecklos, jetzt daran zu denken.

Es mag viele Leute geben, denen es unsinnig vorkommt, daß eine Welt der Gedanken wirklicher sein sollte als die physische Welt. Es wird für sie so bleiben, bis sie einige Erfahrung in einem höheren als diesem Leben gesammelt haben. Dann werden sie in einem einzigen Augenblick weit mehr erkennen, als ihnen Worte jemals übermitteln können.

In jener Welt finden wir also die unendliche Fülle des göttlichen Geistes vor, der in seinem unbegrenzten Reichtum jeder Seele in genau dem Maße offensteht, als sie sich dafür eignet, ihn aufzunehmen. Hätte ein Mensch seine ihm vorgezeichnete Entwicklung erreicht, hätte er die Göttlichkeit, deren Keim in ihm liegt, völlig entfaltet und verwirklicht, dann wäre diese ganze Herrlichkeit in Reichweite für ihn; da dies aber noch niemand von uns getan hat, da wir uns erst nach und nach zu jener wunderbaren Vollendung erheben können, vermag dies noch niemand zu erfassen, sondern jeder zieht davon nur so viel an sich und kann nur das erkennen, was er, durch vorausgehende Anstrengung vorbereitet, aufnehmen kann. Die verschiedenen Individuen besitzen sehr verschiedene Fähigkeiten. In einem morgenländischen Gleichnis heißt es: Jeder Mensch bringt sein eigenes Gefäß mit. Einige davon sind groß, andere sind klein, aber ob klein oder groß, jedes Gefäß wird bis zum äußersten Rande gefüllt. Das Meer der Seligkeit enthält für alle mehr als genug.

Alle Religionen haben von dieser himmlischen Seligkeit berichtet, aber wenige haben uns mit genügender Klarheit und Präzision die Grundidee dargelegt, die allein auf vernünftige Weise erklärt, wie alle Menschen solcher Seligkeit teilhaftig werden können. Die Tatsache, daß jeder Mensch sich seinen eigenen Himmel durch Auswahl aus der unaus-

sprechlichen Pracht der göttlichen Gedankenwelt selbst schafft, ist wirklich der Grundstein
der Erkenntnis. Ein Mensch bestimmt sowohl
die Dauer als auch die Art seines Himmelslebens durch die Ursachen, die er während seines Erdenlebens geschaffen hat. Deshalb
kann er nur genau das erwarten, was er verdient hat, und genau jene Art Freude empfinden, die seinen Reaktionen entspricht; denn
dies ist eine Welt, in der sich jedes Wesen,
schon allein infolge seines Bewußtseins darin,
der höchsten geistigen Glückseligkeit erfreu-
en muß, deren es fähig ist – eine Welt, deren
Macht, auf sein Streben zu reagieren, nur
durch seine eigene Fähigkeit begrenzt ist.

Der Mensch hatte sich durch seine Triebe
und Leidenschaften in seinem Erdenleben einen Astralkörper aufgebaut, in dem er während seiner astralen Existenz leben mußte,
und jene Zeit war glücklich oder schrecklich,
je nach der Art dieses Körpers. Dann ist das
Leben im Fegefeuer zu Ende; denn seine niedere Natur hat sich selbst verzehrt. Nun bleiben nur die höheren und verfeinerten Gedanken, die edlen und selbstlosen Aspirationen
übrig, die er während seines irdischen Daseins
verfolgt hat. Diese sammeln sich um ihn und
bilden eine Art Schale, durch deren Vermitt-

lung es ihm möglich ist, auf gewisse Schwingungsarten dieses verfeinerten Stoffes zu reagieren. Diese ihn umgebenden Gedanken sind die Kräfte, durch die er aus dem Reichtum der Himmelswelt schöpft, und er erkennt, daß diese eine Vorratskammer von unendlicher Ausdehnung ist, aus der er genau jenen Gedanken und Aspirationen entsprechend schöpfen kann, die er im physischen und astralen Leben schuf. Seine erhabenste Zuneigung und seine Hingebung zeitigen nun ihre Früchte; denn sonst ist nichts übriggeblieben. Alles, was selbstsüchtig oder habgierig war, wurde in der Welt der Triebe zurückgelassen.

Denn es gibt zwei Arten von Zuneigung. Die eine verdient diesen Namen kaum. Sie denkt stets daran, wieviel Liebe sie für die ihre zurückerhält, sorgt sich stets darum, ob der andere Mensch die Neigung auch in gleichem Maße erwidert und ist darum beständig in die argen Netze der Eifersucht und der Verdächtigung verstrickt. Ein solch eigensüchtiges und gieriges Gefühl wird Früchte des Zweifels und des Elendes auf der Wunschebene zeitigen, auf die es offensichtlich gehört. – Aber es gibt noch eine andere Art Liebe, die sich niemals dabei aufhält, wieviel

Liebe sie wiederempfängt, sondern die nur das eine im Auge hat, sich rückhaltlos dem Gegenstande ihrer Zuneigung zu Füßen zu legen, und nur darauf bedacht ist, wie sie am besten das Gefühl, das ihr Herz so ganz erfüllt, durch die Tat zum Ausdruck bringen kann. Da gibt es keine Einschränkung, weil es auch kein An-sich-Klammern, keine Bindung an das Selbst, keine Gedanken an Erwiderung gibt, und gerade deshalb entsteht ein gewaltiges Ausströmen von Kraft, die kein astraler Stoff zum Ausdruck zu bringen vermöchte und die im Bereiche der Astralwelt gar nicht enthalten sein könnte. Es bedarf des feineren Stoffes und der größeren Ausdehnung der mentalen Welt. Genau so wie es eine religiöse Hingebung gibt, die vor allem daran denkt, was sie für ihre Gebete wohl erhalten wird, und ihre Anbetung zu einer Art Geschäft erniedrigt, so gibt es auch eine echte Hingebung, die sich vollkommen in der Betrachtung ihrer Gottheit vergißt. Wir wissen alle sehr gut, daß unserer höchsten Hingebung etwas beigemischt ist, das noch niemals befriedigt wurde, daß unser bestes Streben noch nie verwirklicht wurde, daß, wenn wir wahrhaft uneigennützig lieben, unser Gefühl über jeder Ausdrucksmöglichkeit auf dieser physischen Ebene steht, daß das tiefe Empfinden, das in unserem Herzen durch die edelste Musik oder die vollkommenste Kunst ausgelöst wird, Höhen und Tiefen erreicht, die dieser armseligen Erde unbekannt sind. Und doch ist all dies eine wunderbare, gewaltige Kraft, die außerhalb unserer Berechnung steht und die irgendwo und irgendwie ihre Wirkung hervorbringen muß; denn das Gesetz von der Erhaltung der Kraft gilt auf den höheren Ebenen des Denkens und Strebens genau so sicher wie in der gewöhnlichen Mechanik. Aber wie und wann kann diese Kraft ihre unvermeidliche Wirkung hervorbringen, wenn sie doch auf den zurückfallen muß, der sie in Bewegung setzte, und wenn sie sich doch nicht auf der physischen Ebene auswirken kann, wegen deren Begrenzung und deren verhältnismäßig dichter Materie? Sie wartet einfach, bis der Mensch ihre Ebene erreicht; sie bleibt aufgespeicherte Energie, bis ihre Stunde da ist. Solange das Bewußtsein des Menschen auf die physische und die astrale Ebene gerichtet ist, kann sie sich nicht auf ihn auswirken; sobald er sich aber vollständig auf die mentale begibt, ist sie für ihn bereit. Ihre Schleusen öffnen sich, und ihr Wirken beginnt. So herrscht vollkommene Gerechtigkeit, und nichts geht jemals verloren, selbst wenn es uns in dieser niederen Welt vorkommt, als habe etwas seinen Zweck verfehlt und sei zunichte geworden.

Viele Wohnsitze

Als Grundlage für die Auffassung von den „vielen Wohnungen" dient das Verständnis für die Art, wie der Mensch sich seinen eigenen Himmel schafft. Auf der Ebene des göttlichen Denkens ist, wie wir bereits erwähnt haben, alle nur denkbare Schönheit und Pracht vorhanden; aber der Mensch kann sie nur durch jene Fenster sehen, die er selbst gemacht hat. Jedes seiner Gedankengebilde ist ein solches Fenster, durch das die draußen waltenden Kräfte wirken können. Hat er sich während seines irdischen Lebens hauptsächlich weltlichen Dingen zugewandt, so hat er sich nur wenige Fenster geschaffen, durch die diese höhere Pracht auf ihn einwirken kann. Jeder Mensch wird wohl eine Anwandlung reinen, selbstlosen Gefühls gehabt haben, und wäre es nur einmal in seinem ganzen Leben gewesen, und dies wird jetzt ein Fenster für ihn. Jeder Mensch, der Wilde auf einer ganz frühen Stufe ausgenommen, wird sicher etwas von dieser wunderbaren Zeit der Seligkeit erleben. Statt daß man sagt, wie die Orthodoxie es tut, manche Menschen kommen in den Himmel und manche in die Hölle, wäre es viel richtiger zu sagen, daß alle Menschen ihren bestimmten Anteil an beiden haben werden, wenn wir das niedrigste Astralleben mit einem so schrecklichen Namen wie „Hölle" bezeichnen wollen, und daß nur die entsprechenden Verhältnisse verschieden sind. Man darf nicht übersehen, daß sich die Seele des Durchschnittsmenschen noch auf einer Anfangsstufe ihrer Entwicklung befindet. Sie hat gelernt, ihren physischen Körper verhältnismäßig leicht zu benützen, und sie kann auch in ihrem Astralkörper einigermaßen frei wirken, obschon sie die Erinnerung an dessen frühere Tätigkeit dem physischen Gehirn selten durchgeben kann; aber ihr Mentalkörper ist in Wirklichkeit überhaupt noch kein Körper, da sie ihn nicht zu benützen vermag, wie dies bei den niedereren Körpern der Fall ist; sie kann sich weder darin fortbewegen, noch dessen Sinne für den Empfang von Informationen auf normale Weise gebrauchen.

Wir dürfen deshalb nicht glauben, die Seele sei in diesem Körper in lebhafter Tätigkeit begriffen oder könne sich frei bewegen, wie sie dies auf der Astralebene tat. Sie befindet sich hier vor allem in einem aufnahmefähigen Zustand, und ihre Verbindung mit der Außenwelt geht nur durch ihre eigenen Fenster vor sich und ist infolgedessen äußerst begrenzt. Der Mensch, der sich dort in vollem Umfange betätigen kann, ist schon fast ein

Übermensch; denn er muß ein verklärter Geist, ein großes, hochentwickeltes Wesen sein. Dieser würde dort sein volles Bewußtsein haben und würde seinen Mentalkörper so ungehindert gebrauchen, wie der Durchschnittsmensch seinen physischen Körper benützt, und dadurch lägen die ungeheuren Gebiete höherer Erkenntnis offen vor ihm da.

Aber wir denken vorerst an einen Menschen, der noch nicht so entwickelt ist, an einen, der seine Fenster hat und nur durch diese sieht. Um seinen Himmel verstehen zu können, müssen wir zwei Punkte ins Auge fassen: Sein Verhältnis zu der Himmelswelt selbst und dasjenige zu seinen Freunden. Die Frage nach seinem Verhältnis zu seiner Umgebung in der Gedankenwelt muß in zwei Teile zerlegt werden; denn wir haben zuerst an den durch seine Gedanken geformten Stoff der Ebene zu denken und dann an die Kräfte der Ebene, die durch seine Aspirationen wachgerufen werden.

Ich habe erwähnt, wie sich der Mensch mit Gedankengebilden umgibt. Wir sind hier auf dieser Ebene im eigentlichen Heim der Gedanken, und so sind die Gedankenformen besonders wichtig in Verbindung mit den erwähnten beiden Punkten. Lebende Kräfte umgeben den Menschen, mächtige engelgleiche Bewohner der Ebene, und viele von ihnen sind für gewisse Aspirationen des Menschen sehr empfänglich und reagieren willig darauf. Seine Gedanken und Aspirationen bewegen sich aber natürlicherweise in der Richtung, die er während des Erdenlebens vorbereitet hat. Man möchte annehmen, daß der Mensch beim Übertritt auf eine Ebene von solch erhabener Kraft und Lebendigkeit zu ganz neuen Tätigkeiten auf bis dahin ungewohnten Gebieten angeregt werden könnte. Dies ist aber nicht möglich. Sein Gedankenkörper ist keineswegs im selben Zustand und so vollständig von ihm beherrscht wie die niedrigeren Körper. Durch viele vergangene Leben hindurch war sein Mentalkörper gewöhnt, seine Eindrücke und Antriebe zur Tätigkeit von unten, von den niedrigeren Körpern, hauptsächlich vom physischen und manchmal auch vom astralen zu empfangen. Er tat sehr wenig, um direkt auf der eigenen Ebene Gedankenschwingungen zu erhalten, und er kann nun nicht plötzlich anfangen, sie aufzunehmen und darauf zu reagieren.

Der Mensch führt also keine neuen Gedanken ein, sondern die, die er bereits besitzt, bilden die Fenster, durch die er auf seine neue Welt hinaussieht.

Diese Fenster können sich auf zweierlei Weise voneinander unterscheiden – durch die Richtung, nach welcher sie geöffnet sind, und durch die Art des Glases, aus dem sie bestehen. Es gibt sehr viele Richtungen, die der höhere Gedanke einschlagen kann. Verschiedene, wie Zuneigung und Hingabe, sind im allgemeinen von so persönlichem Charakter, daß es vielleicht besser ist, sie in Verbindung mit dem Verhältnis des Menschen zu anderen Leuten zu betrachten. Deshalb wollen wir lieber zuerst ein Beispiel wählen, bei dem dieses Element nicht vorkommt – bei dem wir uns nur mit dem Einfluß seiner Umgebung zu beschäftigen haben. Wir wollen annehmen, daß eines seiner Himmelsfenster die Musik sei. Das ist eine gewaltige Kraft. Man weiß, wie sehr diese Kunst einen Menschen erheben, ihn vorübergehend zu einem neuen Menschen in einer neuen Welt machen kann. Wenn Sie ihre Wirkung je erfahren haben, dann werden Sie sich bewußt sein, daß wir es mit einer ungeheuren Kraft zu tun haben. Der Mensch, der nicht von Musik beseelt ist, besitzt auch kein Fenster, das sich nach dieser Richtung hin öffnen könnte. Jener aber, der ein solches

Fenster hat, kann durch dieses drei vollständig verschiedene Arten von Eindrücken erhalten, die jedoch alle durch die Art des Glases seines Fensters modifiziert werden. Es ist klar, daß dieses Glas eine große Beschränkung für seinen Ausblick darstellen mag. Es kann farbig sein und deshalb nur gewisse Lichtstrahlen durchlassen, oder es kann aus schlechtem Material bestehen und infolgedessen alle hineindringenden Strahlen verzerren und verdunkeln. Ein Mensch vermochte zum Beispiel während seines Erdenlebens nur eine besondere Art von Musik zu würdigen usw. Was wird ihm nun wohl durch dieses Fenster zuströmen, falls es ein gutes ist?

Erstens wird er jene Musik empfinden, welche die geordnete Bewegung der Plankräfte zum Ausdruck bringt. Hinter der poetischen Idee der Sphärenmusik war eine bestimmte Tatsache verborgen; denn auf diesen höheren Ebenen bringen Bewegung und Handlung jeder Art wunderbare Harmonien in Klang und Farbe hervor. Alles Denken – sein eigenes wie das der anderen – kommt so durch eine liebliche und doch unbeschreibliche Folge stets wechselnder Akkorde wie aus tausend Aeolsharfen zum Ausdruck. Diese musikalische Kundgebung des leuchtend pulsierenden

Himmelslebens würde für ihn einen stets gegenwärtigen und stets entzückenden Hintergrund für alle seine anderen Erfahrungen bilden.

Zweitens befindet sich unter den Bewohnern der Mentalebene eine Klasse von Wesen – Engel würden unsere christlichen Freunde sie nennen –, die sich der Musik mit besonderer Hingabe widmen und sich in weit größerem Maße als die übrigen Wesen durch sie ausdrücken. In den alten Hinduschriften werden sie als die Gandharvas erwähnt. Der Mensch, dessen Seele auf Musik abgestimmt ist, wird sicherlich ihre Aufmerksamkeit auf sich lenken, wird sich mit einigen von ihnen in Verbindung setzen und dann mit stetig zunehmendem Genuß alle die neuen wundervollen Kombinationen lernen, die von ihnen angewendet werden.

Drittens wird er ein begeisterter Zuhörer der Musik sein, die seine Mitmenschen in der Himmelswelt machen. Man bedenke, wieviele große Komponisten ihm vorangegangen sind: Bach, Beethoven, Mendelssohn, Händel, Mozart, Rosssini – sie alle sind dort nicht tot, sondern voll pulsierenden Lebens, fortwährend weit grandiosere Weisen, weit herrlichere Melodien ausströmend, als sie jemals auf Erden vermochten. Jedes dieser Wesen ist in der Tat eine Quelle wunderbarer Melodien, und viele Inspirationen unserer irdischen Komponisten sind in Wirklichkeit nur ein schwaches, fernes Echo des Wohlklanges ihrer Weisen. Viel, viel mehr als das, was wir vom Genie dieser niederen Welt erkennen, ist nur ein Abglanz der ungehinderten Kräfte jener, die uns vorangegangen sind. Öfter als wir glauben, kann der empfängliche Mensch hier einen Gedanken von ihnen auffangen und ihn in dieser niederen Welt weitergeben, soweit dies möglich ist. Große Meister der Musik haben uns erzählt, daß sie manchmal ein ganzes großes Oratorium, einen prächtigen Marsch oder einen feinen Chor in einem einzigen Klang hören, und daß die Inspiration auf diese Weise über sie kommt, obschon beim Niederschreiben der Noten dann viele Seiten nötig sein mögen, um sie auszudrükken. Dies zeigt genau, auf welche Art die himmlische Musik sich von dem unterscheidet, was uns hier bekannt ist. Ein einziger mächtiger Akkord offenbart dort mehr als das, was wir hier in stundenlanger Wiedergabe viel weniger deutlich ausdrücken können.

Sehr ähnliche Erfahrungen würde auch der Mensch machen, dessen Fenster die Kunst ist.

Auch er würde dieselben drei Möglichkeiten der Wonne haben; denn die Beschaffenheit der Ebene gestattet, daß sie sich sowohl durch Farbe als auch durch Töne kundgibt, und allen, die Theosophie studieren, ist bekannt, daß die Devas eine Farbensprache führen – Devas einer Klasse von Geistern, deren Verständigung untereinander durch Aussenden von Farbenblitzen geschieht. Auch hier wiederum arbeiten die großen Künstler des Mittelalters immer noch – nicht mit Pinsel und Leinwand, sondern mit der weit leichteren und ungemein befriedigenderen Methode, durch die Kraft der Gedanken aus Mentalstoff Formen zu bilden. Jeder Künstler weiß, wie sehr der bestgelungene Ausdruck auf Papier oder Leinwand hinter der Vorstellung in seinem Kopf zurückbleibt; aber hier wird das Denken zur Wirklichkeit, und Enttäuschung ist unmöglich. Dasselbe gilt für alle Gedankenrichtungen, so daß wirklich eine Fülle von Genuß und Belehrung vorhanden ist, die weit über das hinausreicht, was unser begrenzter Verstand zu fassen vermag.

Unsere Freunde im Himmel

Lassen Sie uns nun auf den zweiten Teil unseres Gegenstandes eingehen, nämlich auf die Beziehungen des Menschen zu denen, die er liebt oder denen gegenüber er Hingabe oder Verehrung empfindet. Immer und immer wieder werden wir gefragt, ob die Menschen in jenem besseren Leben ihre Lieben treffen und erkennen werden, oder ob sie in all der unvorstellbaren Pracht vergebens nach jenen vertrauten Gesichtern ausschauen werden, ohne die ihnen alles eitel erscheinen würde. Die Antwort auf diese Frage ist glücklicherweise klar und unbedingt. Die Freunde werden ohne Zweifel dort sein, und zwar weit vollkommener, weit wirklicher als je, da sie noch bei uns waren.

Dann wieder fragen uns die Leute oft: „Wie steht es mit unseren Freunden, die bereits das Himmelsleben genießen? Können sie uns hier unten sehen? Beobachten sie und erwarten sie uns?" Kaum; denn bei beiden Theorien würden sich Schwierigkeiten ergeben. Wie könnte der Tote glücklich sein, wenn er zurückschaute und seine Lieben in Kummer oder Leiden, oder, was viel schlimmer wäre, beim Begehen von Sünde sähe? Und wenn wir die Alternative annehmen, daß er seine Lieben nicht sieht, aber auf sie wartet, ist die

Sache kaum besser. Denn in diesem Falle würde der Mensch eine lange und lästige Wartezeit, eine Zeit des Hangens und Bangens durchmachen, die sich oft über viele Jahre erstreckt, während der Freund in vielen Fällen so verändert ankäme, daß er ihm nicht mehr sympathisch wäre. In dem uns von der Natur so weise bereiteten System werden alle diese Schwierigkeiten vermieden. Jene Wesen, die der Mensch am meisten liebt, hat er immer um sich, und zwar immer in ihrem edelsten und besten Wesen, und kein Schatten, kein Mißklang kann zwischen sie und ihn treten, da er die ganze Zeit hindurch genau das von ihnen bekommt, was er wünscht. Die Einrichtung ist unendlich viel besser als irgend etwas, das uns die menschliche Einbildungskraft an dessen Stelle geben konnte – wie wir hätten erwarten können; denn alle jene Spekulationen waren die Vorstellungen des Menschen von dem, was am besten ist, aber die Wahrheit ist Gottes Sache. Lassen Sie mich versuchen, dies zu erklären.

Wenn immer wir jemanden recht innig lieben, so formen wir ein klares mentales Bild von ihm, und er ist oft gegenwärtig in unserem Geiste. Es ist unvermeidlich, daß wir sein mentales Bild in die Himmelswelt mitnehmen, weil es natürlicherweise jener Stoffwelt angehört. Aber die Liebe, die ein solches Bild formt und erhält, ist eine gewaltige Kraft – eine Kraft, die stark genug ist, die Seele des betreffenden Freundes zu erreichen und auf sie einzuwirken. Diese Seele aber ist der wahre Mensch, den wir lieben. Sie reagiert sofort sehr stark und ergießt sich in die Gedankenformen, die wir für sie gemacht haben, und so kommt es, daß sich unser Freund wirklich bei uns befindet, und zwar lebendiger als je zuvor. Bedenken Sie, daß wir die Seele und nicht den Körper lieben; die Seele ist es, die wir dort bei uns haben. Man mag sagen: „Ja, das könnte so sein, wenn der Freund auch tot wäre; aber wenn er noch am Leben ist, was dann? Er kann nicht zugleich an zwei Orten sein." Was dies anbelangt, so kann er tatsächlich zugleich an zwei, sogar oft an mehr als zwei Orten sein. Ob er tot oder lebendig ist – wie wir gewöhnlich sagen –, macht nicht den geringsten Unterschied. Versuchen wir zu verstehen, was eine Seele wirklich ist, und wir werden besser einsehen, wie dies möglich ist!

Die Seele gehört einer höheren Ebene an und ist etwas viel Größeres und Erhabeneres, als dies irgendwelche Manifestation davon sein kann. Ihr Verhältnis zu ihrer Manifestation ist dasjenige einer Dimension zu einer anderen – das einer Linie zu einem Quadrat oder das eines Quadrates zu einem Würfel. Keine noch so große Anzahl Quadrate könnte jemals einen Würfel ergeben, weil das Quadrat nur zwei Dimensionen, der Würfel aber drei hat. So kann keine noch so große Zahl von Ausdrucksformen der Seele auf irgendeiner niederen Ebene deren Fülle erschöpfen, da sie überhaupt auf einem höheren Niveau steht. Sie läßt einen kleinen Teil von sich in einen physischen Körper eintreten, um Erfahrungen zu machen, die nur auf dieser Ebene gewonnen werden können. Sie kann jeweils nur einen solchen Körper auf einmal bewohnen; denn das ist Gesetz. Aber wenn sie auch tausend annehmen könnte, genügten sie nicht, um das auszudrücken, was die Seele wirklich ist. Sie kann nur einen physischen Körper haben; aber wenn sie bei einem Freunde eine solche Liebe erweckt, daß dieser beständig ein deutliches Mentalbild desselben im Geiste gegenwärtig hat, dann ist er fähig, auf diese Liebe zu reagieren, indem er sein eigenes Leben in jene Gedankenform ergießt und sie so belebt, daß sie ein wirklicher Ausdruck jener Seele auf jener Ebene wird, die zwei Ebenen über der physischen liegt, und deshalb ist es ihr so viel besser möglich, ihre guten Eigenschaften zum Ausdruck zu bringen.

Wenn es noch schwer fallen sollte sich vorzustellen, wie das Bewußtsein des Menschen gleichzeitig in dieser wie in jener Manifestation tätig sein kann, so wollen wir dies an einer gewöhnlichen physischen Erscheinung erklären. Jeder von uns ist sich bewußt, daß er gleichzeitig mehrere physische Kontakte haben kann, wenn er auf einem Stuhle sitzt. Man berührt den Sitz des Stuhles, die Füße ruhen auf dem Boden, die Hände umfassen die Stuhllehnen oder halten vielleicht ein Buch, und trotzdem hatte das Gehirn keine Schwierigkeit, sich aller dieser Kontakte gleichzeitig bewußt zu werden. Warum sollte es also für die Seele, die doch viel erhabener ist als das physische Bewußtsein, schwieriger sein, gleichzeitig in mehr als einer dieser Manifestationen auf weit unter ihr liegenden Ebenen bewußt zu sein? Es ist wirklich derselbe eine Mensch, der alle diese verschiedenen Kontakte verspürt, alle diese verschiedenen Gedankenformen erfüllt und in allen wirklich, lebendig und liebevoll ist. Dort zeigt er sich von seiner besten Seite; denn dort ist er eine weit vollendetere Erscheinung, als sie die physische Ebene je wiedergeben könnte, selbst wenn die günstigsten Umstände vorhanden wären.

Man mag fragen, ob dies die Entwicklung des Freundes irgendwie beeinflußt. Das ist sicher so; denn es bietet ihm eine weitere Gelegenheit, sich zu manifestieren. Besitzt er einen physischen Körper, lernt er durch denselben schon physische Lektionen; aber dies ermöglicht ihm gleichzeitig, die Fähigkeit der Zuneigung viel rascher auf der Mentalebene durch die Form zu entwickeln, die Sie ihm gegeben haben. So bewirkt Ihre Liebe zu ihm Großes für ihn. Wie wir bereits gesagt haben, kann sich die Seele in vielen Gedankenformen manifestieren, wenn sie das Glück hat, daß sie für sie gemacht werden. Jemand, der von vielen Leuten sehr geliebt wird, vermag gleichzeitig in vielen Himmeln zu verweilen, und so kann er sich viel rascher entwickeln. Aber diese große zusätzliche Gelegenheit ist die direkte Folge und Belohnung für jene liebenswerten Eigenschaften, die ihm die liebevolle Achtung so vieler seiner Mitmenschen zuzogen. So empfängt er nicht nur Liebe von diesen allen, sondern er nimmt dadurch selbst an Liebesfähigkeit zu, ob diese Freunde lebendig oder tot sind.

Wir müssen jedoch bemerken, daß es möglicherweise zwei Einschränkungen für die Vervollkommnung dieses Verkehrs gibt. Erstens kann das von Ihnen gemachte Bild Ihres Freundes ein teilweises und unvollkommenes sein, so daß viele seiner höheren Eigenschaften nicht wiedergegeben sind und sich deshalb nicht durch dieses Bild hindurch offenbaren können. Zweitens kann es auch Schwierigkeiten seitens Ihres Freundes geben. Sie haben sich vielleicht eine etwas ungenaue Vorstellung von ihm gemacht.

Wenn Ihr Freund noch keine hochentwikkelte Seele ist, ist es möglich, daß Sie ihn sogar irgendwie überschätzt haben, und in diesem Falle könnte sich in Ihrem Gedankenbilde ein Aspekt befinden, dem er nicht vollständig zu entsprechen vermag. Dies ist jedoch unwahrscheinlich und könnte nur vorkommen, wenn eine ganz unwürdige Person unvernünftigerweise vergöttert worden wäre. Selbst dann würde der Mensch, der das Bild machte, weder Veränderung noch Mangel an seinem Freunde finden; denn dieser ist zumindest jetzt eher imstande, seinem Ideal zu entsprechen, als dies je während seines physischen Lebens möglich war. Da er unentwickelt ist, kann er nicht vollkommen sein;

aber er ist sicherlich besser als je zuvor; somit ist die Freude des Himmelsbewohners ungetrübt. Ihr Freund kann Hunderte von Bildern mit den Eigenschaften ausfüllen, die er besitzt; aber wenn eine Eigenschaft in ihm noch unentwickelt ist, entfaltet er sie nun nicht plötzlich, nur weil Sie annahmen, er habe sie schon. Hierin liegt der enorme Vorteil für die, die nur von denen Gedankenformen bilden, die sie nicht enttäuschen können – oder, da es keine Enttäuschung geben kann, sollten wir eher sagen, von denen, die imstande sind, sich sogar über den höchsten Begriff zu erheben, den sich der niedere Verstand von ihnen machen kann. Der Theosoph, der in seinem Geist das Bild des Meisters formt, weiß, daß alle Unzulänglichkeit nur auf seiner eigenen Seite ist; denn er schöpft da aus einer solchen Liebe und Kraft, die sein Denken nie ergründen kann.

Nun kann man fragen, welche Entwicklungsmöglichkeiten die Seele während ihres Aufenthaltes in der Himmelswelt hat, wenn sie einen so großen Teil ihrer Zeit im Genießen der dortigen Freuden verbringt. Sie können in drei Kategorien eingeteilt werden, obschon es von jeder viele Abarten gibt. Erstens hat die Seele durch gewisse Eigenschaften in sich bestimmte Fenster zu dieser Himmelswelt geöffnet. Durch die fortgesetzte Übung dieser Eigenschaften während so langer Zeit stärkt sie sie bedeutend und wird in dieser Hinsicht sehr bereichert zu ihrer nächsten Inkarnation auf Erden zurückkehren. Alle Gedanken werden durch fortgesetzte Wiederholung intensiviert, und der Mensch, der tausend Jahre hauptsächlich damit verbringt, selbstlose Liebe auszuströmen, wird sicher am Ende dieser Zeit stark und tief zu lieben vermögen.

Zweitens: wenn die Seele bestrebt ist, durch ihr Fenster mit einer der großen Klassen geistiger Wesen in Berührung zu kommen, so wird sie sicherlich durch den Verkehr mit ihnen viel gewinnen. Auf dem Gebiete der Musik werden diese alle möglichen Obertöne und Varianten benützen, die die Seele vorher nicht gekannt hat; sie sind mit tausenderlei Kunstarten vertraut, von denen sie nichts gewußt hat. Aber all diese werden sich ihr allmählich einprägen, und auch auf diese Weise wird sie jenes herrliche Himmelsleben viel reicher verlassen, als sie bei ihrem Eintritt war.

Drittens wird die Seele durch die von ihr gebildeten Gedankenformen weitere Informationen gewinnen, falls diese Wesen selbst genügend entwickelt sind, um sie belehren zu können. Es sei wiederholt, daß der Theosoph, der sich ein Gedankenbild des Meisters geformt hat, ganz bestimmte Belehrung und Hilfe von ihm erhalten wird, und dies ist in geringerem Maße bei weniger entwickelten Menschen möglich.

Auf all dies folgt das Leben der Seele oder des Egos im eigenen Kausalkörper – dem Körper, den sie von Leben zu Leben mit sich trägt, und der sich nicht ändert, ausgenommen durch seine allmähliche Entwicklung. Auch das herrliche Himmelsleben nimmt ein Ende, und dann wird auch der Mentalkörper abgelegt, wie dies mit den anderen Körpern der Fall war, und das Leben im Kausalkörper beginnt. Hier braucht die Seele keine Fenster; denn dies ist ihre wahre Heimat, und hier sind alle Wände abgeschafft. Die Großzahl der Menschen hat auf einer solchen Höhe, wie es diese ist, noch sehr wenig Bewußtsein: sie ruhen, träumerisch dahindämmernd und kaum wach; aber ihre Visionen sind wirklich, wie begrenzt sie durch den Mangel an Entwicklung auch sein mögen. Diese Begrenzungen werden jedoch bei jeder Wiederkehr kleiner sein; sie selbst aber werden wachsen, so daß

dieses wahrste Leben umfassender und vollkommener für sie sein wird. Mit dem Fort-
schreiten der Vervollkommnung wird das
Kausalleben auch länger und länger dauern
und nimmt im Vergleich zum Dasein auf niedrigeren Stufen eine stets größere Ausdehnung
an. Indem sich der Mensch entwickelt, lernt
er nicht nur zu empfangen, sondern auch zu
geben. Dann nähert er sich tatsächlich seinem
Siege; denn er lernt die Lektionen Christi,
lernt die krönende Glorie des Opfers kennen,
die höchste Wonne, die darin besteht, sein
Leben der Hilfe für seine Mitmenschen zu
opfern, das eigene Selbst für die Allgemein-
heit einzusetzen; er weiß von himmlischer
Kraft im menschlichen Dienste, von all den
wunderbaren Kräften zur Hilfe der im Le-
benskampf stehenden Erdensöhne. Das ist
ein Teil des Lebens, das vor uns liegt; das
sind einige der Schritte, die selbst wir, die wir
noch am Fuße der goldenen Leiter stehen,
vor uns sehen können, damit wir denen davon
berichten können, die sie noch nicht gesehen
haben. So können auch Sie Ihre Augen der
unvorstellbaren Herrlichkeit öffnen, die Sie
schon im alltäglichen eintönigen Leben umgibt. Dies ist ein Teil des Evangeliums, das
Ihnen die Theosophie bringt – die Gewißheit

dieser erhabenen Zukunft für alle. Sie ist schon hier, wir brauchen uns ihr nur anzupassen, um sie als Erbe zu übernehmen.

Schutzengel

Meiner Ansicht nach ist einer der schönsten Punkte unserer theosophischen Lehre der, daß sie einem Menschen die nützlichsten und hilfreichsten Glaubenslehren der Religionen, denen er entwachsen ist, wieder zurückgibt. Viele Leute erinnern sich mit einem gewissen Bedauern einiger Vorstellungen ihrer geistigen Kindheit, obschon sie fühlen, daß sie vieles nicht annehmen können, was sie damals als selbstverständlich betrachteten. Sie sind aus der Dämmerung in volleres Licht getreten und sind dankbar für diese Tatsache. Sie könnten, selbst wenn sie es wollten, nicht mehr zu ihren früheren Ansichten zurückkehren; doch waren einige der Träume im Zwielicht recht lieblich, und im Vergleich zu dessen sanfterem Schimmer erscheint das vollere Licht manchmal ein wenig grell. Hier kommt ihnen die Theosophie zu Hilfe und zeigt ihnen, daß alle Herrlichkeit, Schönheit und Poesie, von denen sie in der Dämmerung nur einen schwachen Schein erhaschten, als lebendige Wirklichkeit existieren, und daß deren Pracht in der Mittagsglut nur noch lebendiger hervortreten wird, statt zu verblasssen. Aber unsere Lehre gibt ihnen deren Poesie auf einer ganz neuen Grundlage wieder – einer Grundlage wissenschaftlicher Tatsachen statt unzuverlässiger Überlieferung. Ein sehr gutes Beispiel solchen Glaubens bietet das Kapitel „Schutzengel". Es gibt viele hübsche Überlieferungen von geistigen Beschützern und vom Eingreifen durch Engel, an die wir alle sehr gern glauben möchten, wenn wir nur eine vernünftige Grundlage dafür finden könnten. Ich hoffe, Ihnen erklären zu können, daß mir dies in weitgehendem Maße möglich ist.

Der Glaube an ein derartiges Eingreifen ist sehr alt. Unter den ältesten indischen Legenden finden sich Berichte über das gelegentliche Erscheinen niederer Gottheiten in kritischen Augenblicken des menschlichen Lebens. Die griechischen Epen sind voll solcher Erzählungen, und selbst in der römischen Geschichte lesen wir, wie die himmlischen Zwillinge, Castor und Pollux, die Armeen der jungen Republik zur Schlacht am See Regillus führten. Aus dem Mittelalter wird berichtet, daß der heilige Jakobus die Truppen zum Siege geführt habe, und es gibt viele Erzählungen von Engeln, die über frommen Wanderern wachten oder im rechten Augenblick eingriffen, um sie vor Unglück zu bewahren. „Nur ein volkstümlicher Aberglaube", wird derjenige sagen, der sich darüber erhaben fühlt.

Es kann sein; aber wo immer wir einem weit-verbreiteten, sich hartnäckig erhaltenden volkstümlichen Aberglauben begegnen, finden wir fast immer irgendeinen Wahrheitskern dahinter – oft verzerrt und übertrieben, aber doch eine Wahrheit. Und dies ist ein solcher Fall.

Die meisten Religionen erzählen den Menschen von Schutzengeln, die ihnen in Zeiten der Not und des Kummers beistehen, und das Christentum macht keine Ausnahme von dieser Regel. In der Theosophie glauben wir an eine vollkommene göttliche Gerechtigkeit, und deshalb anerkennen wir, daß es kein Eingreifen geben kann, es sei denn, daß die betreffende Person solche Hilfe verdient hat. Selbst dann würde sie ihr nur durch Vermittlung zukommen, aber niemals durch direktes göttliches Eingreifen. Wir wissen durch unser Studium und viele von uns durch eigene Erfahrung, daß viele Zwischenstufen zwischen dem Menschlichen und dem Göttlichen bestehen. Der alte Glaube an Engel und Erzengel wird durch die Tatsachen gerechtfertigt; denn genau so wie es verschiedene Reiche unter der Menschheit gibt, so gibt es auch solche, die in der Entwicklung über ihr stehen. Über uns befindet sich zunächst das große Reich der Devas oder Engel, die ungefähr dieselbe Stellung uns gegenüber einnehmen wie wir dem Tierreich gegenüber. Über den Devas liegt eine Entwicklungsstufe, deren Angehörige Dhyan Chohans oder Erzengel genannt werden (obschon die Namen eigentlich nebensächlich sind). Und so geht es weiter und aufwärts bis zu den Füßen der Gottheit selbst. Von Gott bis zu dem Staube unter unseren Füßen ist alles ein abgestuftes Leben – eine lange Leiter, auf der die Menschheit nur eine der vielen Sprossen einnimmt. Es gibt viele Bereiche über und unter uns, und ein jeder ist belebt. Es wäre töricht, wenn wir annähmen, daß wir die höchstmögliche Entwicklungsform – die vollendetste Leistung der Schöpfung darstellten. Wenn gelegentlich unter uns Menschen auftreten, die viel weiter entwickelt sind als wir, wird uns unsere nächste Entwicklungsstufe vor Augen geführt, und sie sind uns ein Vorbild, dem wir nacheifern sollen. Männer wie Buddha und Christus, und viele andere weniger hohe Lehrer, sind für uns ein großartiges Ideal, auf das wir hinarbeiten sollen, mögen wir auch im jetzigen Augenblick noch so weit davon entfernt sein.

Sollen wir, falls gelegentlich besondere Eingriffe in menschliche Angelegenheiten vor-

kommen, die Engel als die wahrscheinlichen
Vermittler dabei ansehen? Manchmal vielleicht, aber sehr selten; denn diese hohen Wesen haben ihre eigene Arbeit zu verrichten,
die mit ihrer Stellung im mächtigen Welten-
plane zusammenhängt, und sie nehmen wohl
kaum Notiz von uns und greifen auch nicht
in unsere Angelegenheiten ein. Der Mensch
ist unbewußt so außerordentlich eingebildet,
daß er meint, alle großen Mächte des Universums müßten ihn bewachen und zu seiner Hilfe bereit sein, wann immer er durch seine
eigene Torheit oder seine Unwissenheit lei-
det. Dabei vergißt er aber ganz, daß er doch
auch nicht für die Reiche unter sich als segens-
reiche Vorsehung wirkt oder daß er bereit ist,
die wildlebenden Tiere zu betreuen oder ihnen zu helfen. Manchmal spielt er ihnen gegenüber die Rolle eines orthodoxen Teufels
und bringt Qualen und mutwillige Zerstörung
in ihr unschuldiges und harmloses Dasein, nur
um seine eigene verachtenswerte Lust an
Grausamkeit zu befriedigen, die er „Sport"
zu nennen beliebt. Oft hält er Tiere in Gefan-
genschaft und kümmert sich auch in gewissem
Maße um sie; aber dies geschieht nur, damit
sie für ihn arbeiten – aber nicht, damit er ihre
innere Entwicklung fördern könne. Wie kann

er also von den Wesen über ihm erwarten, daß sie über ihm wachen, wenn er doch selbst so weit davon entfernt ist, dies denen gegenüber zu tun, die unter ihm stehen? Es ist leicht möglich, daß sich die Engel um ihre eigenen Angelegenheiten bekümmern und von uns nicht mehr Notiz nehmen als wir von den Spatzen auf den Bäumen. Ab und zu mag es ja vorkommen, daß ein Engel irgendeine menschliche Sorge oder Schwierigkeit bemerkt, die sein Mitleid erregt. Dann mag er versuchen, uns zu helfen, genau so wie wir versuchen würden, einem Tiere in Not beizustehen; aber sicherlich würde seine tiefere Einsicht die Tatsache erkennen, daß beim jetzigen Entwicklungsstadium ein solches Eingreifen in den meisten Fällen viel mehr Schaden als Nutzen stiften würde. In der fernen Vergangenheit standen diese übermenschlichen Wesen dem Menschen oft bei, weil es damals unter der jungen Menschheit noch niemanden gab, der sie als Lehrer hätte leiten können; aber nun, da wir herangewachsen sind, sollten wir so weit sein, daß wir aus unseren eigenen Reihen Führer und Helfer hervorbringen können.

Es gibt noch ein anderes Naturreich, das wenig bekannt ist – das der Naturgeister und

Feen. Auch hier hat die volkstümliche Überlieferung Spuren von der Existenz einer Art
Wesen erhalten, die der Wissenschaft unbekannt sind. Man hat sie mit vielen Namen
bezeichnet – Zwerge, Gnomen, Kobolde,
Heinzelmännchen, Sylphen, Undinen, gute
Geister usw., und es gibt wenig Länder, in
deren Volksüberlieferungen sie keine Rolle
spielen. Es sind Wesen, die entweder einen
Astral- oder einen Ätherkörper besitzen, und
deshalb werden sie für den Menschen nur selten und unter besonderen Umständen sichtbar. Sie meiden gewöhnlich dessen Umgebung; denn sie hassen seine wilden Ausbrüche
von Leidenschaften und Trieben, und sie werden darum im allgemeinen nur an einsamen
Orten von Bergbewohnern oder Hirten gesehen, die abseits des geschäftigen Menschenge-
wühls arbeiten. Es ist zuweilen vorgekom-
men, daß eines dieser Wesen einem Menschen anhänglich wurde und sich seinem
Dienste hingab, wie Erzählungen aus dem
schottischen Hochlande berichten. In der Regel ist aber intelligenter Beistand von Wesen
dieser Klasse kaum zu erwarten.

Dann gibt es noch die großen Adepten, die
Meister der Weisheit, Menschen wie wir, aber
doch so viel höher entwickelt, daß sie uns wie

Götter der Macht, der Weisheit und des Mitleids erscheinen. Ihr ganzes Leben ist der Förderung der Entwicklung gewidmet. Ist es deshalb wahrscheinlich, daß sie sich manchmal in menschliche Angelegenheiten einmischen? Möglicherweise gelegentlich, aber nur sehr selten, da sie andere und viel wichtigere Aufgaben zu erfüllen haben. Unwissende Menschen haben manchmal vorgeschlagen, die Adepten sollten in unsere großen Städte kommen und den Armen helfen. Ich sage „unwissende"; denn nur außerordentlich unwissende und unglaublich anmaßende Leute wagen es, die Handlungen jener zu kritisieren, die so unendlich viel weiser und erhabener sind als sie. Der vernünftige und bescheidene Mensch sieht ein, daß sie für alles, was sie tun, ihre Gründe haben müssen, und daß es der Gipfel der Torheit und der Undankbarkeit wäre, sie zu tadeln. Sie haben ihre eigene Aufgabe in viel höheren, uns unerreichbaren Sphären. Sie wirken direkt auf die Seelen der Menschen ein und scheinen auf sie wie das Sonnenlicht auf die Blumen, ziehen sie vorwärts und aufwärts und erfüllen sie mit Kraft und Leben. Das ist eine weit großartigere Arbeit als das Heilen, Pflegen oder Ernähren ihres Körpers, so gut das auch zu seiner Zeit sein mag. Würde man die Meister zu Arbeiten auf der physischen Ebene verwenden, so wäre das eine unendlich viel größere Kraftverschwendung, als wenn man unsere hervorragendsten Gelehrten veranlassen wollte, auf der Straße Steine zu klopfen, mit der Begründung, daß dies eine physische Arbeit zum Wohle aller sei, während wissenschaftliche Arbeit den Armen nicht direkt nütze. Vom Adepten wird kaum eine Einmischung in physische Angelegenheiten kommen; denn er ist mit viel nützlicherer Arbeit beschäftigt.

Unsichtbar tätige Menschen

Es gibt zwei Klassen, die helfend einzugreifen vermögen in unsere menschlichen Angelegenheiten, und in beiden Fällen sind es Menschen wie wir, die auf einer nicht sehr entfernten Entwicklungsstufe von uns stehen. Die erste Klasse besteht aus denen, die wir Tote nennen. Wir glauben, daß sie ferne von uns weilen, aber das ist ein Irrtum. Sie sind uns im Gegenteil sehr nahe, und wenn sie auch in ihrem neuen Leben unsere physischen Körper gewöhnlich nicht sehen können, so sind ihnen doch unsere Astralkörper sichtbar, und sie kennen daher alle unsere Gefühle. Sie wissen, wenn wir in Sorge sind und wenn wir Hilfe brauchen, und manchmal sind sie in der Lage, uns helfen zu können. Hier also haben wir eine Menge Helfer, die gelegentlich in menschliche Angelegenheiten einzugreifen vermögen, gelegentlich, jedoch nicht sehr häufig. Denn der Gestorbene zieht sich immer mehr in sich selbst zurück und verliert deshalb rasch die Fühlung mit den Dingen dieser Erde. Und die meist entwickelten und deshalb hilfsbereiten Menschen sind gerade diejenigen, die die Erde am raschesten verlassen müssen. Es gibt jedoch sicher Fälle, in denen Tote sich um menschliche Angelegenheiten gekümmert haben; solche Fälle sind vielleicht sogar zahlreicher als wir annehmen; denn in vielen derselben besteht die Hilfe nur darin, einem noch auf der physischen Ebene lebenden Menschen einen Gedanken einzugeben, und er ist sich der Herkunft seiner glücklichen Inspiration nicht bewußt. Manchmal ist es für den Toten zweckdienlich, sich zu zeigen, und nur dann werden wir, die wir so blind sind, uns seines liebevollen Gedenkens bewußt. Zudem kann er sich nicht immer willkürlich zeigen. Es kann oft vorkommen, daß er uns zu helfen versucht, aber er kann es nicht tun, weil wir überhaupt nichts von seinem Anerbieten wissen. Es gibt jedoch solche Fälle, und einige davon finden sich in meinem Buche „Jenseits des Todes" aufgezeichnet.

Die zweite Klasse von Menschen, in der sich Helfer finden, besteht aus jenen, die schon während ihres Lebens bewußt auf der Astralebene wirken können – oder, wir sagen vielleicht besser, während sie noch ihren physischen Körper besitzen; denn die Wörter „lebend" und „tot" werden im gewöhnlichen Sprachgebrauch in Wirklichkeit lächerlich falsch angewendet.

Wir sind es, die in diesen physischen Stoff verstrickt, im dunkeln und widerlichen Dunst des Erdenlebens begraben, durch den dichten

Schleier für so viel Licht und Glanz um uns herum blind gemacht sind – sicher sind wir die eigentlichen Toten, nicht jene, die unter uns sind, nachdem sie die Last des Fleisches abgeworfen haben, strahlend und freudig, stark und so viel leistungsfähiger als wir.

Diejenigen, die schon während ihres Aufenthaltes in der physischen Welt gelernt haben, ihren Astral- und in einigen Fällen auch ihren Mentalkörper zu benützen, sind gewöhnlich die Schüler der obengenannten Adepten. Sie können nicht die Arbeit tun, die der Meister verrichtet; denn ihre Kräfte sind nicht entwickelt; sie können noch nicht frei auf jenen hohen Ebenen wirken, auf denen er so wunderbare Erfolge erzielt; aber sie können auf niedrigeren Ebenen etwas leisten, und sie sind dankbar, auf irgendwelche Art dienen zu können, die er für sie am besten hält, und solche Aufgaben auf sich zu nehmen, die im Bereich ihrer Kräfte stehen. So kommt es manchmal vor, daß sie menschlichen Kummer oder Leiden bemerken, die sie erleichtern können, und sie tun gern, was ihnen möglich ist. Sie können oft sowohl den Lebenden als auch den Toten helfen; aber man muß stets bedenken, daß sie unter gewissen Bedingungen wirken. Wenn einem Menschen solche Kräfte und Schulung zuteil werden, geschieht es unter Vorbehalt. Er darf sie nie zu eigennützigen Zwecken gebrauchen, sie niemals vorführen, um Neugierde zu befriedigen, sie nie benützen, um in den Angelegenheiten anderer zu schnüffeln. Er darf nie das geben, was man in spiritistischen Séancen als Test bezeichnet – das heißt, er darf nie etwas tun, das auf der physischen Ebene als Phänomen gelten könnte. Er vermöchte, wenn er es wollte, einem Toten eine Botschaft zu überbringen; aber er würde seine Befugnis überschreiten, wollte er dem Lebenden eine Antwort des Toten übermitteln, falls dies nicht auf spezielle Anordnung des Meisters geschähe. Diese Schar der unsichtbaren Helfer bildet also kein Detektivbüro oder eine astrale Auskunftsstelle, sondern sie erfüllt einfach und ruhig die ihr zugeteilten Aufgaben oder solche, die ihr in den Weg kommen.

Wir wollen sehen, wie es einem Menschen möglich ist, solche Arbeit zu tun und solche Hilfe zu leisten, wie wir es beschrieben haben, so daß wir verstehen lernen, wo die Grenzen dieser Macht sind, und daß wir erkennen können, wie wir selbst diese Macht bis zu einem gewissen Grade erreichen können. Wir müssen uns zunächst vor Augen halten, wie ein

Mensch seinen physischen Körper während des Schlafes verläßt. Er läßt ihn zurück, damit er sich vollständig ausruht; aber der Mensch selbst, die Seele, bedarf keiner Ruhe, denn sie kennt keine Ermüdung. Nur der physische Körper wird müde. Wenn wir von geistiger Müdigkeit sprechen, ist dies in Wirklichkeit eine Wortverdrehung; denn das Gehirn ist müde, nicht aber der Geist. Der Mensch benützt also während des Schlafes einfach seinen Astralkörper an Stelle seines physischen Körpers, und nur dieser schläft, aber nicht der Mensch selbst. Wenn wir einen schlafenden Wilden mit hellseherischem Blick betrachten, so werden wir wahrscheinlich finden, daß er selbst beinahe so fest schläft wie sein Körper – daß er nur wenig Bewußtsein im Astralkörper hat, den er bewohnt. Er kann sich nicht aus der unmittelbaren Nähe des schlafenden physischen Körpers entfernen, und wollte man versuchen, ihn wegzuziehen, so würde er mit Schrecken erwachen.

Wenn wir einen zivilisierten Menschen betrachten, so bemerken wir einen großen Unterschied. In diesem Falle ist der Mensch keineswegs unbewußt in seinem Astralkörper, sondern er denkt ganz lebhaft. Trotzdem nimmt er vielleicht von seiner Umgebung nicht viel mehr Notiz als der Wilde, obschon dies nicht aus demselben Grunde geschieht. Der Wilde ist unfähig zu sehen; der zivilisierte Mensch ist so sehr in sein eigenes Denken vertieft, daß er nicht sieht, obschon er könnte. Er hat die Gewohnheit einer langen Reihe von Leben hinter sich, während welcher die astralen Fähigkeiten nicht benützt wurden; denn diese Fähigkeiten wuchsen allmählich innerhalb einer Schale, ähnlich dem Wachstum eines Hühnchens im Ei. Die Schale wird aus der großen Masse egozentrisches Denkens gebildet, in der der gewöhnliche Mensch so hoffnungslos begraben ist. Welcher Art auch die Gedanken gewesen sein mögen, die ihn während des vergangenen Tages beschäftigten, so fährt er gewöhnlich damit fort, wenn er einschläft, und auf diese Weise ist er mit einer so dicken selbstgeschaffenen Wand umgeben, daß er tatsächlich nicht weiß, was draußen vor sich geht. Gelegentlich kann ein heftiger Anstoß von außen oder ein eigener starker Wunsch in seinem Innern diesen Nebelschleier für kurze Zeit zerreißen und ihm ermöglichen, einen bestimmten Eindruck zu gewinnen; aber sogar dann schließt sich der Schleier fast sofort wieder, und er träumt weiter dahin wie zuvor.

Kann er geweckt werden, werden Sie fragen. Ja, das kann auf vier verschiedene Arten geschehen. Erstens wird in der fernen Zukunft die langsame aber sichere Evolution des Menschen den Nebelschleier unzweifelhaft auflösen. Zweitens kann der Mensch selbst, nachdem er die Tatsachen erfaßt hat, durch ständige, unablässige Anstrengung den Nebel von innen her vertreiben und allmählich die Trägheit überwinden, die durch lange Zeiten der Untätigkeit entstanden ist. Er kann vor dem Einschlafen den Entschluß fassen zu versuchen, beim Verlassen des Körpers aufzuwachen und etwas zu sehen. Dies ist einfach eine Beschleunigung eines natürlichen Vorganges, und es wird kein Schaden daraus entstehen, wenn der Mensch vorher seinen gesunden Menschenverstand und die moralischen Eigenschaften entwickelt hat. Wenn diese unzulänglich sind, kann es ihm schlecht gehen; denn er setzt sich einer doppelten Gefahr aus. Er kann die Kräfte mißbrauchen, die er erworben hat, und er kann von Furcht übermannt werden in Gegenwart von Mächten, die er weder verstehen noch beherrschen kann. Drittens kommt es manchmal vor, daß ein Unfall oder ein ungesetzlicher Gebrauch magischer Zeremonien den Schleier derart zerreißt, daß er sich nie wieder ganz schließen kann. In einem solchen Falle kann der Mensch dem Zustand überlassen bleiben, den Frau Blavatsky in der Erzählung „Ein verhextes Leben" oder Lord Bulwer Lytton in seinem packenden Roman „Zanoni" so gut beschrieben hat. Viertens kann ein Freund, der den Menschen gründlich kennt und ihn für fähig hält, den Gefahren auf der Astralebene zu begegnen und dort gute, selbstlose Arbeit zu leisten, von außen her auf diesen Schleier einwirken und den Betreffenden allmählich für seine höheren Möglichkeiten aufrütteln. Er wird dies aber nie tun, wenn er seines Mutes und seiner Hingabe nicht ganz sicher ist, wenn er nicht bestimmt weiß, daß er die nötigen Eigenschaften für wirksame Arbeit besitzt. Wenn er in jeder Hinsicht als geeignet befunden wird, kann er aufgefordert werden, sich der Schar der Helfer anzuschließen.

Gehen wir nun über zu der Arbeit, die solche Helfer tun können. Ich habe in dem Buch „Unsichtbare Helfer" manches Beispiel dafür gegeben. Deshalb will ich jene Erzählungen hier nicht wiederholen, sondern Ihnen lieber einige Hauptideen darüber geben, was für verschiedene Arten von Arbeit gewöhnlich ausgeführt werden. Die Hilfe zerfällt natürlicherweise in mancherlei Zweige, und der größte Teil ist durchaus nicht physischer Art. Vielleicht teilen wir sie am besten ein in Hilfe für die Lebenden und Hilfe für die Toten. Eine verhältnismäßig leichte Aufgabe ist das Spenden von Trost und Erleichterung in Kummer und Krankheit. Diese Hilfe kann beständig geleistet werden, ohne daß jemand weiß, von wem sie stammt.

Oft bemühen sich die Helfer, Streitigkeiten zu schlichten – eine Versöhnung zwischen denen herbeizuführen, die lange Zeit infolge von Meinungsverschiedenheiten getrennt waren. Manchmal gelang es, die Menschen vor einer großen Gefahr zu warnen, in der sie schwebten, und so einen Unfall zu verhindern. Es kam vor, daß das sogar hinsichtlich rein materieller Angelegenheiten geschah, obschon gewöhnlich nur vor moralischen Gefahren gewarnt wird. Es war gelegentlich erlaubt, jemandem, der ein unmoralisches Leben führte, eine ernste Warnung zukommen zu lassen und ihn auf diese Weise zur Umkehr zu bewegen. Wenn die Helfer wissen, daß ein Freund in besonderer Not ist, werden sie versuchen, ihm darin beizustehen und ihm Kraft und Trost zu spenden.

Auch bei großen Katastrophen können diejenigen oft viel wirken, von deren Arbeit die Außenwelt nichts weiß. Es ist manchmal erlaubt, einen oder wenige Menschen zu retten, und daher kommt es, daß wir in Berichten von Massenzerstörungen hin und wieder von anscheinend ans Wunderbare grenzenden Rettungen hören. Aber dies ist nur dann der Fall, wenn sich einer unter den Gefährdeten befindet, der nicht auf diese Art sterben soll, einer, der dem göttlichen Gesetze nichts schuldet, das auf diese Weise beglichen werden kann. In der großen Mehrzahl der Fälle kann höchstens eine Anstrengung gemacht werden, den Bedrängten Kraft und Mut einzuflößen, damit sie dem Unabwendbaren begegnen können und nachher die Seelen abzuholen, wenn sie auf der Astralebene ankommen, und sie dort zu bewillkommnen und ihnen beizustehen.

Die Hilfe für die Toten

Nun kommen wir zur Betrachtung dessen, was weitaus der größte und wichtigste Teil der Arbeit ist – die Hilfe für die Toten. Bevor wir dies verstehen können, müssen wir uns von den gewöhnlichen plumpen und irrtümlichen Ideen über den Tod und den Zustand der Toten befreien. Sie sind nicht weit weg von uns, sie sind nicht plötzlich völlig verändert, sie sind nicht zu Engeln oder Dämonen geworden. Sie sind einfach menschliche Wesen, genau so wie sie früher waren, weder besser noch schlechter, und sie sind immer noch ganz in unserer Nähe, für unsere Gefühle und Gedanken sogar noch empfänglicher als früher. Deshalb ist unbeherrschte Trauer um die Toten so falsch und auch so selbstsüchtig. Der tote Mensch fühlt jede Gemütsbewegung, die durch das Herz seiner Lieben geht, und er fühlt auch, wenn sie sich in Unverständnis dem Kummer überlassen, der eine entsprechende Depressionswolke über ihn ausbreitet und seinen Weg schwerer macht, als er zu sein brauchte, wenn seine Freunde eines besseren belehrt worden wären.

So kann den Toten auf mancherlei Weise Hilfe geleistet werden. Vor allem bedürfen viele – ja die meisten – von ihnen der Aufklärung über die neue Welt, in der sie sich befinden. Ihre Religion hätte sie darüber aufklären sollen, was zu erwarten ist und wie sich das Leben in diesen neuen Verhältnissen gestalten wird; aber in den meisten Fällen ist nichts derartiges geschehen. Daher kommt es, daß sich viele von ihnen in einem Zustand großen Unbehagens und andere in einem solchen wahren Schreckens befinden. Sie müssen beruhigt und getröstet werden; denn wie sie den grauenhaften Gedankenformen begegnen, die sie und ihresgleichen jahrhundertelang hervorgebracht haben – Gedankenformen von einem persönlichen Teufel und einer zornigen, grausamen Gottheit – sind sie oft in einem bemitleidenswerten Zustand der Furcht, der nicht nur äußerst unangenehm, sondern sehr ungünstig für ihre Evolution ist. Die Helfer brauchen viel Zeit, um sie in eine vernünftigere Gemütsverfassung zu bringen.

Es gibt Menschen, denen das Eintreten in ein neues Leben zum ersten Mal Gelegenheit verschafft, sich zu sehen, wie sie in Wirklichkeit sind, und manche werden deshalb von Gewissensbissen geplagt. Hier ist wiederum der Dienst des Helfers vonnöten, um zu erklären, daß das Vergangene vergangen ist, und daß die einzige wirksame Reue in dem Entschluß liegt, das Geschehene nicht mehr zu tun, daß der Tote keine verlorene Seele ist, was er auch getan haben mag, sondern daß er einfach da, wo er sich befindet, beginnen muß, ein neues Leben zu führen. Manche von ihnen klammern sich leidenschaftlich an die Erde, auf die alle ihre Gedanken und Interessen gerichtet waren, und sie leiden sehr, wenn sie die Erde nach und nach aus dem Auge verlieren. Andere sind erdgebunden durch die Erinnerung an Verbrechen, die sie begangen oder an Pflichten, die sie unerfüllt gelassen haben, während andere wiederum über den Zustand derer in Sorge sind, die sie hinterlassen haben. Das sind alles Fälle, die einer Aufklärung bedürfen, und manchmal muß der Helfer auch Schritte auf der physischen Ebene unternehmen, um die Wünsche eines Toten zu erfüllen und ihn auf diese Weise von Sorgen zu befreien, damit er sich höheren Dingen zuwenden kann. Viele Leute sehen nur die Schattenseiten des Spiritismus; aber wir dürfen nie vergessen, daß er in dieser Art von Werken ungeheuer viel Gutes geleistet hat, indem er den Toten Gelegenheit bot, nach einem plötzlichen und unerwarteten Hinscheiden ihre Angelegenheiten in Ordnung zu bringen.

Es ist sicher beglückend zu denken, daß die

Zeit dringend nötiger Ruhe für den Körper nicht unbedingt eine Periode der Untätigkeit für den wahren inneren Menschen sein muß. Es gab eine Zeit, da ich die Schlafenszeit als verschwendete Stunden empfand; nun aber begreife ich, daß die Natur ihre Einrichtungen nicht so mangelhaft trifft, um ein Drittel des Menschenlebens zu verlieren. Natürlich werden für diese Arbeit ganz besondere Eigenschaften verlangt; aber ich habe sie so sorgfältig und ausführlich behandelt in meinem Buche „Die unsichtbaren Helfer", daß ich sie hier nur ganz kurz zu erwähnen brauche. – Erstens muß der Mensch zielbewußt und die Hilfe für andere ihm erste und höchste Pflicht sein. Zweitens muß er vollkommene Selbstbeherrschung besitzen – sein Temperament und seine Nerven in der Gewalt haben. Er darf nie zulassen, daß seine Gemütsbewegungen seine Arbeit im geringsten Grade beeinflussen. Er muß über Zorn und Furcht erhaben sein. Drittens muß er vollständige Ruhe, Heiterkeit und Freudigkeit besitzen. Menschen, die zu Depressionen und Kummer neigen, sind nicht brauchbar; denn ein großer Teil der Arbeit besteht darin, andere zu trösten und zu beruhigen, und wie können sie dies tun, wenn sie selbst beständig in einem Zustand der Aufregung oder der Niedergeschlagenheit sind? Viertens muß der Mensch Kenntnisse besitzen; er muß schon auf dieser Ebene alles gelernt haben, was über die andere zu lernen ist; denn er darf nicht erwarten, daß dort Menschen ihre kostbare Zeit verschwenden werden, um ihn das zu lehren, was er sich selbst hätte aneignen können. Fünftens muß er vollkommen selbstlos sein. Er muß darüber erhaben sein, sich verletzt zu fühlen und soll nicht an sich selbst, sondern nur an die Arbeit denken, die er zu vollbringen hat, so daß er die bescheidenste oder die größte Pflicht ohne Neid einerseits oder Überheblichkeit andererseits froh auf sich nimmt. Sechstens muß er ein Herz voll Liebe haben – nicht Sentimentalität, sondern den starken Wunsch zu dienen, ein Stromweg für die Liebe Gottes zu sein, die, wie der Friede Gottes, menschliches Verstehen übersteigt.

Sie denken vielleicht, diese Vollkommenheit sei unerreichbar; sie ist jedoch jedem Menschen möglich. Es braucht Zeit dazu; aber sie ist sicherlich gut angewendet. Wenden Sie sich nicht verzagt von diesem Ziele ab, sondern machen Sie sich sofort daran, für diese glorreiche Aufgabe befähigt zu werden. Und während wir danach streben, warten wir nicht müßig, sondern versuchen wir, schon jetzt ein Stückchen Arbeit in derselben Richtung zu unternehmen. Jeder kennt jemanden, der in Sorge oder Not ist, ob es unter den Lebenden oder Toten sei, ist ganz einerlei. Ist Ihnen ein solcher Fall bekannt, denken Sie vor dem Einschlafen daran, und nehmen Sie sich vor, diese Person aufzusuchen und zu trösten, sobald Sie von diesem Körper befreit sind. Sie mögen sich am nächsten Morgen des Ergebnisses nicht bewußt sein, und Sie mögen sich an nichts erinnern; seien Sie aber versichert, daß Ihr Entschluß nicht fruchtlos war, und Sie etwas getan haben, ob Sie sich daran erinnern oder nicht. Früher oder später werden Sie einmal den Beweis Ihres Erfolges erhalten. Denken Sie daran: in dem Maße, wie wir helfen, kann uns geholfen werden. Vergessen Sie nicht, daß wir vom Niedrigsten bis zum Höchsten durch eine Kette gegenseitiger Dienstleistung verbunden sind und daß, wenn wir auch auf den unteren Stufen der Leiter stehen, diese doch hinausreicht über die irdischen Nebel bis dahin, wo das Licht Gottes immer leuchtet.

Charles W. Leadbeater

Das Leben in der Geistigen Welt

In aller Munde sind heutzutage Worte wie Selbstverwirklichung, Selbsterfahrung und Selbstfindung. Auch vom 'besseren' oder 'höheren' Selbst hört man reden. Werden aber diese Begriffe geprüft und kritisch hinterfragt, bleiben oft nur hohle Worthülsen.

Im Rahmen seiner spirituellen Forschungen beschäftigte sich C.W. Leadbeater ausführlich mit dem Problem höheren Bewußtseins und der Frage der Existenz eines „höheren Selbst". Jahrzehntelanges geistiges Forschen und Suchen führte ihn dann wahrhaft zu jener Erkenntnishöhe, die es ihm ermöglichte, aus eigener Erfahrung – und somit geistig berechtigt – die gestellten Fragen zu beantworten.

Im vorliegenden Werk vermittelt C.W. Leadbeater den 'Gefährten auf dem Pfad', seinen suchenden Erdengeschwistern, die Essenz seines Wissens um das höhere Selbst. Fortschreitend durch die astralen, mentalen und kausalen Bewußtseinszustände, öffnen sich schließlich die Tore der Seele (nicht des Astralkörpers!), um das Licht des GEISTES durchscheinen zu lassen.

Es dürfte wenige Abhandlungen geben, die das Mysterium des „höheren Selbst" so klar und tief entschlüsselt haben.

Wer dieses Buch auf seinem geistigen Weg nicht aus den Händen verliert, wird immer wissen, wohin er bereits gelangt ist und welche Höhen noch zu erklimmen sind.

Ein zeitlos gültiges Weisheitsbuch!

ISBN 3-922936-16-4